Isaac Newton and Physics for Kids

牛顿的物理学世界

我是博学家

His Life and
Ideas with
21 Activities

[美] 克丽·洛根·霍利汉（Kerrie Logan Hollihan）——著

龙清亮——译

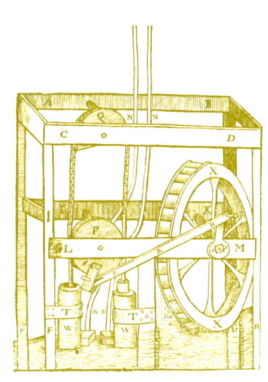

献给格洛丽亚·莱恩,
她一直坚信我是一位科学家。

目　录

vi　大事记
ix　前　言

 1　与众不同的男孩 / 001

005　从拖后腿到名列前茅
006　制作一个杂记本
010　制作一架水磨
012　制作自己的墨水，并用它书写
015　务农失败

 2　求学剑桥 / 019

021　过时的宇宙观
022　月　相
024　天文学家叫板亚里士多德
025　伟大的伽利略
028　观察单摆的运动

 3　不合时宜的牛顿 / 031

036　水钟还是蜡烛钟？
038　制造错觉
039　狂热的友谊
042　定位你的纬度

 4　提出问题 / 045

047　天才接数学的招
050　害虫，瘟疫，沉思岁月
051　伍尔斯索普的宁静时光
052　制作一个防瘟疫口罩

5 光芒照耀艾萨克·牛顿 / 055

- 056　牛顿教授讲授光学
- **059　制作棱镜**
- 060　望远镜上的新视野
- 062　一场关于光的争论
- **065　牛顿环**
- 066　数学问题
- **068　把光照射到"平方反比定律"上**

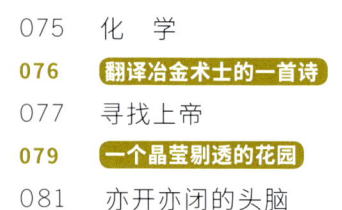

7 科学史上最重要的著作 / 085

- 087　来自行星的原理
- **089　牛顿第一运动定律**
- **090　牛顿第二运动定律**
- **091　牛顿第三运动定律**
- 092　引力：世界的体系
- 095　对力的思考
- 097　月球上的力，以及其他地方的力

6 隐秘的岁月 / 071

- 075　化　学
- **076　翻译冶金术士的一首诗**
- 077　寻找上帝
- **079　一个晶莹剔透的花园**
- 081　亦开亦闭的头脑

8 寻找机会 / 099

- **102　抛物线反射镜的力量**
- **106　概率有多大？**
- **108　用力甩球，球沿直线飞出**
- 110　被逼到抑郁

9 作为伦敦人 / 113

117　皇家学会重现
120　与皇家学会玩政治
121　红色的房间
122　在"面盒子"里烤苹果派
124　在肖像中创造线索

10 狮子的咆哮声渐息 / 127

130　通过历史的透镜看牛顿

135　致　谢
137　相关资源

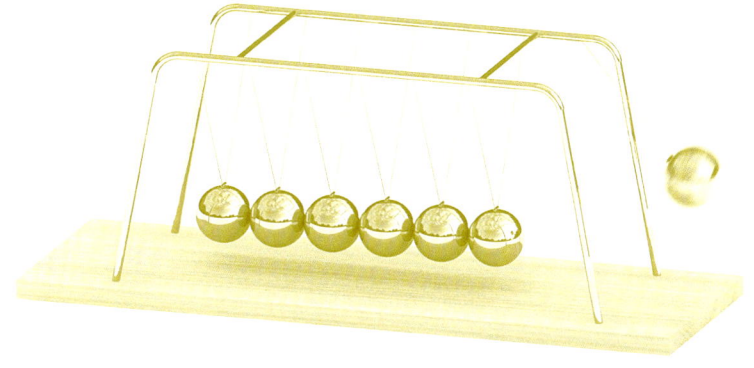

目录 | v

大事记

1642 年	汉娜·艾斯库与自由民农民艾萨克·牛顿结婚，艾萨克六个月后去世。
	当年圣诞节，汉娜产下一子，取名艾萨克。
1646 年	汉娜·牛顿嫁给牧师巴纳巴斯·史密斯，将艾萨克留在伍尔斯索普与外祖父母一起生活。
1655 年	牛顿进入格兰瑟姆文法学校学习。
1661 年	牛顿被剑桥大学三一学院录取。
1665 年	牛顿获学士学位，但他在瘟疫肆虐剑桥时搬回了伍尔斯索普的家。
1667 年	瘟疫散去，牛顿返回剑桥。
1668 年	7月，牛顿获硕士学位。
	8月，牛顿游伦敦，国王查理二世恩准他不必履行神职。
1669 年	牛顿公开他的发明——反射望远镜。
	牛顿被聘为剑桥大学卢卡斯数学教授。
1670 年	牛顿举办第一场"光学"讲座。
1672 年	牛顿被选为皇家学会会员。
	牛顿在《哲学学报》发表《光与色彩》一文。
1679 年	汉娜·牛顿去世。
1684 年	埃德蒙·哈雷访问剑桥，请教牛顿有关行星轨道的问题。
	牛顿开始撰写《原理》。
1686 年	皇家学会出版《原理》第一卷。
1687 年	《原理》三卷全部出版。

1688 年	牛顿参与"光荣革命"。
1689 年	牛顿入选议会。
1693 年	牛顿在剑桥陷入严重抑郁。
1696 年	牛顿移居伦敦,担任皇家铸币厂管理员。
1700 年	牛顿成为铸币厂总监。
1701 年	牛顿再次入选议会,永远离开剑桥。
1703 年	牛顿当选皇家学会主席。
1704 年	牛顿出版《光学》第一版。
1705 年	安妮女王授予他"艾萨克·牛顿爵士"爵位。
1712 年	皇家学会受理牛顿与莱布尼茨之间孰先孰后之争论。
1727 年	牛顿去世,葬于西敏寺。

· 艾萨克·牛顿的故事给了英国诗人威廉姆·华兹华斯创作灵感,画家从诗人的一首诗《温德米尔少年》获得灵感,创作出这幅描绘"沉思少年"的梦幻一般的画作(©Library of congress Lc-usz62-93933)

前　言
艾萨克·牛顿：杰出的怪才

艾萨克·牛顿讨厌数绵羊，讨厌一天天、一周周反复数着绵羊。在17世纪50年代的英国，生活在伍尔斯索普这个小村里的人，弄丢了羊就意味着丢掉了谋生的饭碗。

但艾萨克不在乎，因为放羊实在太无聊了！他宁愿在他与母亲、外祖父母居住的家中，从摆满书的书架上找一本书来看。他知道自己与众不同。村里其他的孩子长大后还会在伍尔斯索普当农民，而他不这么想。艾萨克·牛顿看待事物的方式十分独特。

艾萨克看出了一些规律。他看到了日常生活的节奏，日出日落的循环，春夏秋冬的代序。他看到太阳、月亮和繁星在头顶有规律地运转。他触碰不到"天"上的任何物体，但仍旧想弄清楚天体的运动是否也遵从"地"上物体移动的规律。

艾萨克制作了微型风车、水钟、日晷及风筝，看到了风、水、太阳操纵它们工作的模式。通过观察和手指的触摸，这个男孩感觉构成宇宙的地球和天空是融为一体的。艾萨克开始怀疑，是不是有一种普遍的"东西"在推动着一切事物。

艾萨克还是孩子时，人们才刚开始放弃"太阳、月亮和星辰是围绕地球旋转的"这一观点。不过在平日的学校和周末的教堂里，艾萨克听到的依然是"上帝把地球和地球上的人类安置在宇宙中心"的观点。在这个时期，只有几个大胆的人质疑"地球是宇宙中心"这一核心信念，而他们都生活在距离伍尔斯索普很远的地方。

到了艾萨克上大学时，关于宇宙的地心说（以地球为宇宙中心的学说）已经受到了撼动。但是，与其他大学生一样，艾萨克还得学习经典著作，尤其是古希腊的。古希腊的思想家几乎没有质疑过地心说。古希腊哲学鼻祖亚里士多德相信，月亮、太阳和星辰都在围绕地球做圆轨道旋转。亚里士多德教导说，月球之外的一切都不曾改变过。更重要的是，艾萨克的教授赞同亚里士多德的观点。

亚里士多德认为宇宙不是一个独立的单体。相反，他认为宇宙被分成了两部分——"天"和"地"。天上的部分是完美的，而地上的部分一片混乱。地球和天上的部分绝不会融为一体。

但当艾萨克·牛顿成年后，变得敢于质疑亚里士多德的世界观了。牛顿研究了古希腊及中世纪思想家的著作。他也钻研过哥白尼、开普勒及伽利略等文艺复兴时期的天文学家所描述的宇宙模式。他曾产生疑问，像苹果这样的东西，脱离了树枝后为什么总是往下掉？

随后，牛顿就成了将这一思考拉进简洁模式并赋予它意义的第一人。

艾萨克·牛顿是一位"自然哲学家"——就是我们通常说的科学家或物理学家。借由对世界系统的研究,牛顿的物理学成就成为科学革命皇冠之上的宝石。在1500—1700年这一段变革的时代,人们学会了观测和实验,发展出规范的方法去检测各种事物存在的道理。

艾萨克·牛顿探寻出了一套简洁的定律,连接"天"和"地"。从这个发现诞生出一本在任何时代都具有非凡影响力的书:牛顿的《数学原理》,也叫《自然哲学的数学原理》。

没错,牛顿对世界充满了好奇心,而他也让世人好奇不已。在人们对他的评价中,赞誉很多,毁誉也不少。很多直率的人都不喜欢他。

事实上,这位英国最杰出的自然哲学家是个怪异的人。他精力充沛,可以连续专注工作好几个月,几乎不吃不睡。在短短的几年里,他在物理学、天文学、光学和数学上得出了惊人的发现,但他却不告诉任何人。

当艾萨克·牛顿被封为爵士之后,他的内心世界仍让人无法理解,只有他本人才知道自己的脑子里旋转着什么。孤独、势利、忌妒心强的牛顿,一个仇怨可以记上一辈子,他真是这样的。直到晚年,他的朋友依然寥寥无几。有时,他厌恶自己的母亲、憎恨继父,甚至想方设法要烧掉他们的房子。

有这样尖刻的人生态度,牛顿可能会一事无成。然而他在思考之路上不断前行,远远甩开了同时代的其他人。他曾问:"我如何才能解释天体和地球都是按照同一个简单的规律运行的?"

艾萨克·牛顿问出了许多关键的问题。他也找到了答案。

1

与众不同的男孩

1646年英格兰林肯郡的地图。艾萨克·牛顿在伍尔斯索普长大,在格兰瑟姆念书,这两个地方都位于林肯郡的西南部。然而伍尔斯索普太小了,没有显示在地图上

这是1658年9月的一天，天气阴暗，大风开始刮向英伦大地，15岁的艾萨克·牛顿此时正坐在学校的长凳上。数小时内，巨大的风暴席卷了这个小地方。艾萨克所在学校的男孩子们很快会了解到，另一场风暴——一场政治危机，正在伦敦悄然开始。英国的护国公奥利弗·克伦威尔离世。以后，谁来统治英国？

但是，艾萨克·牛顿并不在乎下雨，他也没有担心英国遇到了什么麻烦。风暴给艾萨克带来了其他东西：一次做实验的机会。艾萨克迫不及待地跑到室外，置身风中。起初，他在风中跳跃，接着就与风共舞了。他一次次地蹦跳着，逆风跳、顺风跳，同时还记下了每一次跳跃的距离。

随后，艾萨克比较了他在风中跳和在无风天气中跳的两个距离，因而更加了解了风和强大的风力。艾萨克的实验显示，风力能让他比无风时跳远30厘米。或许是艾萨克的同学怀疑他的实验结果，他才标出起跳点，并测量出跳跃的距离，向他们证明自己的实验结果。

一想到艾萨克出生时的危险状况，就会觉得他能活下来做实验真是一个奇迹。1642年的圣诞节，艾萨克在家中降临于世，当时服侍他母亲的助产婆认为他定会夭折。小婴儿艾萨克体形瘦小，小到可以放进一夸脱大的器皿里。他出生后，家里跑腿的仆人并不着急回去照看他，因为他们确定，他等不到他们回去就会死去。刚出生的婴儿头都会摇晃，但是这个小婴儿实在太虚弱了，照料他的人做了一个特殊的柱形支撑器，才算撑起了他的头。

艾萨克经历了出生的危险时刻，幸存了下来，他母亲带他去伍尔斯索普的小教堂接受洗礼。与伍尔斯索普村的其他洗礼一样，这次洗礼仪式也录入了教区名册：

公元1642年1月1日，
艾萨克·牛顿与汉娜·牛顿之子艾萨克，
接受洗礼。

艾萨克接受洗礼时，父亲没有在现场。他的父亲也叫作艾萨克，在妻子怀孕六个月时就去世了。根据当时的税收记录，艾萨克的父亲是一名自由民农民，拥有田产，居住在一座小庄园里。由于不识字，艾萨克的父亲在税收名册上是用"×"作为签名的。他的名声也不好，当时的一个人这么评价他："一个野蛮、奢侈、虚弱的人。"

然而，这个"坏男孩"却吸引了汉娜·艾斯库的眼球。在那个年代，很少有女孩子能接受正规的教育，但在汉娜家，女孩子是允许读书习字的。汉娜有一个哥哥叫威廉·艾斯库，或许因为是他把妹妹介绍给了艾萨克·牛顿，汉娜的父母也就同意了这门亲事。她与艾萨克·牛顿结婚时，还带了自己的嫁妆——父母赠给汉娜的田产，一年能有50英镑的收入，这个数量远远超出了当时家庭的平均收入。为什么老艾萨克才36岁就去世了？这至今还是一个谜。

以当时伦敦的标准，艾萨克一家不算富裕，但生活也算是宽裕、舒心。汉娜·牛顿继承了丈夫的财产，包括住房、谷仓、牛、羊，以及各种农耕工具。她学会了如何管理农场和在农场务工的人员。汉娜理所当然地认为，她的儿子长大成人后会继承农场，并像他父亲一样把农场管理得井井有条。

艾萨克的家乡叫伍尔斯索普，这个名字契合了当地居民靠放羊谋生的生活方式。伍尔斯索普坐落在林肯郡，1.6千米之外就是一条朝北通往伦敦的大道。即便这样，当时的多数村民也很少出行，很多人从没有到过离家几千米之外的地方，而是在村里度过了一生。

小艾萨克与母亲汉娜、外祖父詹姆斯·艾斯库和外祖母（名字失传了）一起住在伍尔斯索普的庄园。大约在艾萨克3岁时，母亲为他"穿裤子"——脱去了婴儿装，打扮成小男孩。就是这个时候，艾萨克的生活改变了。离伍尔斯索普几千米外的北威瑟姆有一个教区，教区有一个名叫巴纳巴斯·史密斯的富裕牧师。牧师已丧偶，有续弦的打算，而汉娜·牛顿的名字引起了他的注意。这个鳏夫请了说媒的人，去问汉娜是否可以考虑嫁给他。

在那个年代，丧偶的人通常不会独

艾萨克·牛顿孩童时在英格兰伍尔斯索普的家

身太久。对于史密斯牧师而言，汉娜是一个不错的对象，她有田产，显然还能够生儿育女；对于汉娜来说，嫁给一个德高望重、有固定收入的牧师，意味着脱离独身的生活、不用再辛苦经营农场。因此，她同意嫁给史密斯牧师。

但这段婚事存在一个障碍。史密斯牧师不想与3岁的艾萨克有什么瓜葛，只有汉娜可以搬到他在北威瑟姆的家中，而艾萨克得留在伍尔斯索普，由他的外祖父母抚养。汉娜的做法很值得赞赏，她保证，自己离开之后，艾萨克还会过着衣食无忧的生活。按照汉娜与史密斯的结婚协议，这位牧师承诺给艾萨克"一片土地"——艾萨克母亲嫁给他父亲时带来的那片田产，土地的年收入也归艾萨克。

艾萨克被母亲留在伍尔斯索普后，很可能感觉自己被抛弃、被忽略了。成年后的艾萨克在一个笔记本里留下了这段感情的蛛丝马迹。他回忆说，自己还是孩子时，多么希望史密斯的房子毁于一场大火之中。不过，在1679年母亲去世之前，艾萨克对她一直很孝顺，还在她生病时服侍她吃汤药。但对于抚养他长大的外祖父母，艾萨克却没有特别的情感。他一离开伍尔斯索普，就再也没向外人提过他的外祖父母。

艾萨克10岁那年，汉娜回到伍尔斯索普。那位论年纪可以当艾萨克爷爷的史密斯牧师在1653年死了，但死前与汉娜有了3个孩子。因此，汉娜回伍尔斯索普时，带回了牛顿的3个弟妹：本杰明、玛丽及尚在襁褓中的汉娜。现如今，艾萨克不得不与3个弟妹共享母爱了。

与伍尔斯索普附近村子的其他男孩一样，艾萨克也在村里的学校读书识字。他同学的父母希望自己的孩子通过学习达到能读《圣经》的水平，如此才能怀着对神的虔诚长大成人。（他们的姐妹要想读书识字，就只能在家里学习。）艾萨克的同学家里很少有藏书，即便有，也没有值得一读的书。

不过，在伍尔斯索普值得一读的书却很多。汉娜回到伍尔斯索普时，用马车从她已故丈夫的图书馆运来了成堆的书。艾萨克那位生疏的继父留下的这堆皮革装订的书卷，肯定引起了他的注意。17世纪时，别说是在小小的伍尔斯索普，即使在英国和整个欧洲，书籍都是相当珍贵、难得的。在这堆书中有一个笔记本，史密斯牧师思考上帝时，曾在上面概述自己了不起的想法。笔记本的纸页大多数是空着的，这尤为珍贵，让人舍不得扔掉。后来，艾萨克用他杰出的思想填满了这本特别的笔记本。

从拖后腿到名列前茅

艾萨克12岁时，应该到更大、更好的学校念书了。这一年，汉娜已经相当富有，于是她送儿子到格兰瑟姆的国王中学上学。格兰瑟姆离伍尔斯索普近10千米远，对艾萨克来说，从家走路去那儿上学实在太远，因此他寄宿在格兰瑟

制作一个杂记本

艾萨克·牛顿一生中用过几十个笔记本，里面记录了他研究各学科的成果。从自然哲学到数学，从冶金术到上帝本质，他几乎研究了每一个学科。有一个笔记本是牛顿的继父巴纳巴斯·史密斯牧师留下的。由于牛顿从没有在史密斯家住过，因此可以说在史密斯过世之后，牛顿继承了那本几乎空着的笔记本。那个笔记本很珍贵——在17世纪，纸张弥足珍贵，人们不舍得扔掉——因此，青年牛顿留下了那个笔记本，用它当作自己的实验记录本，并称之为"杂记本"。

你也能制作自己的杂记本，在做本书中的其他活动时，可以用它记录你的观察结果。

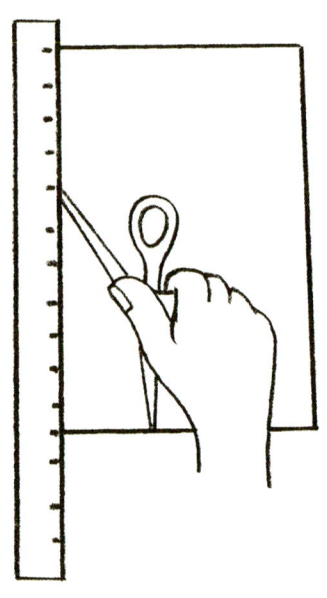

你需要准备：

- 铅笔
- 两张厚纸片，或轻的卡片纸，尺寸为20×30厘米
- 剪刀
- 尺子
- 打孔器
- 20张质量好的纸，比如简历纸
- 90厘米长的窄丝带或丝线

要制作杂记本的封面，你需要沿着厚纸片距离左端约3厘米处竖直画一条线，两张纸片上都画。然后用剪刀沿尺

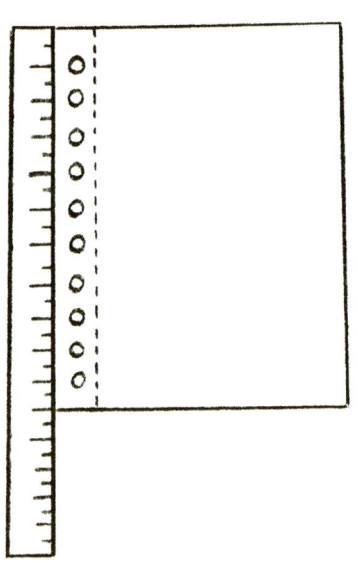

子边等距刻出两条线。沿着线折叠纸片，印出两道折痕。这样，封面翻起来就利索多了。

从一张封面的里边，用尺子比着左侧边沿，从3厘米处开始标记，每隔3厘米标记一个孔的位置。注意，孔与孔之间的距离要均等，而且在一条直线上。然后打出10个孔。

把打好孔的这页封面与另一页重合，在另一页上打出同样的10个孔。要制作杂记本的内页，重复上述步骤，在每一张纸上打孔即可。

将内页排列好，整齐放置在前后封面之间。

要捆住你的杂记本，你需要将90厘米长的窄丝带或丝线对折。对折处与杂记本底部对齐，用丝带或丝线的两头顺着孔穿过去。在穿线时，你可以采取从前到后的穿线法。

在你将线的两头都从杂记本的底部穿到顶部后，将两个头系成一个固定的结，这个结就像一个尾巴。

你可以随意装饰你的杂记本，在做本书中的其他活动时，尽情使用它吧。

国王、战争、死刑、独裁者,以及国王

在艾萨克年少时,英国人陷入了一场血腥的内战。那场战争象征了国王权力与民众权利的冲突,也即查理一世朝廷与作为英国立法机构的议会之间的冲突。查理一世朝廷得到保皇派的支持,议会则是由商人和农民阶级构成。

国王查理一世
(1600—1649年)

双方也有信仰的冲突。保皇派属于英国国教,而议会中的清教徒不喜欢英国国教的主教,因为那些主教散发着天主教的"教皇气息"。清教徒想用基于《圣经》的、朴实的生活净化英国国教。

查理一世犯了一个致命的错误。他在1629年解散了议会,自己统治英国达11年,随后战争就爆发了。1648年,愤怒的议会军队击溃了保皇派的军队,并囚禁了查理一世。议会以叛国罪控告了他;1649年,国王查理一世在伦敦的宫殿里丢掉了脑袋。皇储查理王子逃到法国。

1653年,议会任命信奉清教的军事英才奥利弗·克伦威尔为英国护国公。在奥利弗·克伦威尔的统治下,英国人的生活改变了。清教徒关闭了剧院,禁止庆祝圣诞节。保皇派的艳丽服饰被清教徒简洁的穿着替代。

奥利弗·克伦威尔
(1599—1658年)

清教徒是从英国国教分出的独立派,他们在新世界建立了自己的宗教团体和社区
(©Library of congress Lc-h824-T01-P01-057)

克伦威尔允许清教和犹太教在英国传教,禁止罗马天主教在公共场合传教。天主教与非天主教之间的分歧依然很大。

到1658年克伦威尔去世时,英国人已经厌倦了清教规则。他死后,议会邀请查理王子回国,1660年查理王子在军号声中回到英国登基。他的统治被称为"王朝复辟"。

在这位"欢乐君主"的带领下,伦敦人民开启了长达25年的派对。咖啡馆开门营业,剧院点亮灯火,女性登台演出,英国的作家、诗人、剧作家如雨后春笋般出现。一时间,伦敦成了欧洲文化的灯塔。

国王查理二世
(1630—1685年)

姆的克拉克先生家中。克拉克先生是镇上的药剂师，开了一家药铺，以配药治病救人为己任。

克拉克和他的妻子及3个继子继女住在楼上，艾萨克搬过去和他们一起住。在那里，艾萨克与克拉克的继女（名字已失传）成了朋友。但艾萨克与两位继子爱德华和亚瑟相处起来就困难了。艾萨克的个头儿比同龄人小，而他怪异的习惯也成了两人嘲笑的把柄。在学校情况也一样，艾萨克就是与其他同学格格不入。

艾萨克多数时候沉浸在自己的思考中。他喜欢独处，常常好几个小时都会一个人待着，但他没有在浪费时间。他喜欢动手，还是一个有天赋的艺术家。在克拉克家楼顶的一间屋子里，他画了些稀奇的动物或人物画像来装饰墙壁，画上的人物有英国最著名的查理一世，还有艾萨克的校长亨利·斯托克斯先生。尽管艾萨克这样装饰房间，但克拉克先生并不介意。

艾萨克也喜欢制作钟表、水磨这样复杂的机械模型。他设计并制作了一个水能驱动的挂钟，挂在克拉克的家里。在克拉克一楼的药铺里，艾萨克还目睹了这位药剂师如何用不同药物合成新的物质。

看到格兰瑟姆镇立起第一架水磨时，艾萨克仿照其建了一架缩小版的水磨。他把一只老鼠套在这架精妙的装置上，并命名它为"碾磨工"，让它来转动碾轮。艾萨克不仅制作了小模型，还制作了做手工活用得上的小工具。他喜欢克拉克的继女和她的朋友，据一位讲述者回忆，

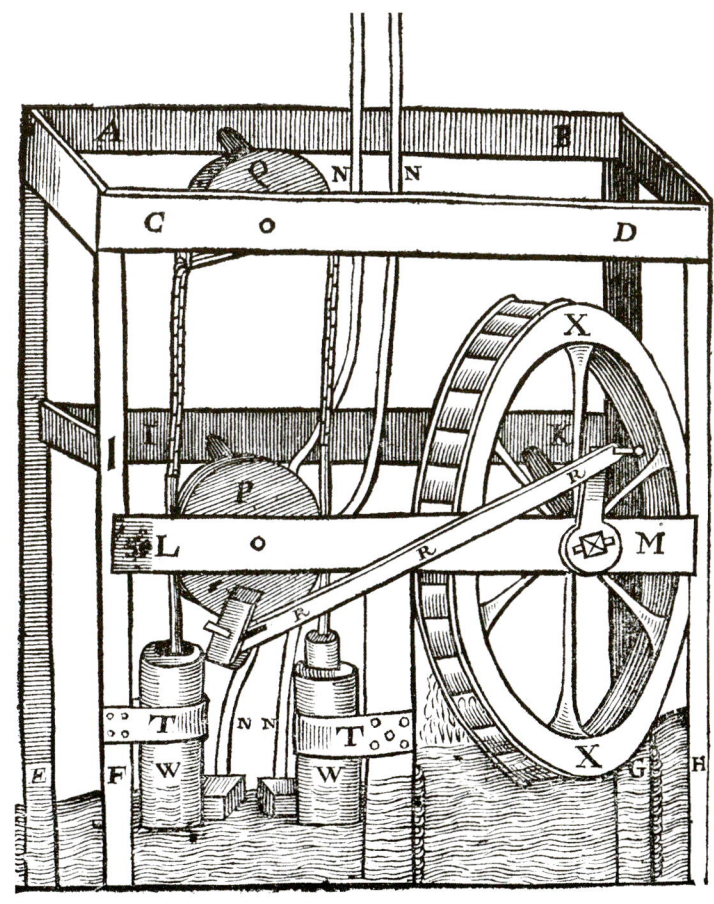

此图展示的是艾萨克·牛顿可能看过的一本书上的水磨。此图收藏于格拉斯哥大学图书馆特藏部（©Glasgow university Library, special collections dept.）

制作一架水磨

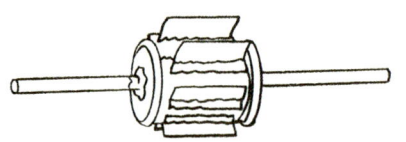

艾萨克·牛顿孩提时，常常观察磨坊如何用溪水或河水来驱动水磨并将麦子碾成面粉。他自己也制作了水磨模型，便于观察水磨的工作原理。

你可以像牛顿一样制作一个水磨模型，测一测它能提起多重的物体。（你不必像他那样抓一只老鼠来做实验！）

【在成人的监护下完成】

你需要准备：
- 塑料杯
- 马克笔
- 尺子
- 剪刀
- 布基胶带
- 硬塑料吸管
- 空线轴
- 容量两升的塑料苏打瓶
- 粗线或牙线
- 纸夹或一只小弹簧夹
- 垫圈或带孔的重物

要制作水轮，先做水轮的六个叶片。用马克笔标出刻痕线，从塑料杯上剪下六个长方形塑料片，尺寸为长6厘米、宽3厘米。剪下12条长6厘米、宽1.2厘米的布基胶带。将每一张水轮片的长边捆扎到线轴上，六个叶片间距相同，倾斜角度一致，保证都朝同一方向倾斜。

将吸管穿过线轴，用胶带将线轴与吸管固定在一起。

下一步需要成人协助你完成。塑料瓶比你想象的要难切。剪去苏打瓶的顶部，做成一个圆筒。在圆筒一端剪出一个三角形缺口，在它正对面剪出同样的缺口。然后在离圆筒底部2.5厘米处，环绕圆筒打孔。

把水轮的轴承（吸管）架在圆筒上的三角缺口处。在吸管的一端，相对切出两个2.5～5厘米长的缺口。

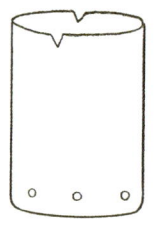

剪出一段38厘米长的粗线或牙线。准备好一段细胶带，用细胶带将线的一端固定在吸管的缺口处，将线的另一端系在纸夹上，并在纸夹上挂一个垫圈或重物。

将你的水轮放在水槽里，让挂重物的线松弛。现在，放出足量的水让你的水轮转起来。水轮能提起重物吗？你需要多少水能？你的水轮能提起两个或三个重物吗？

牛顿"还经常打造些小桌子、橱柜及其他的用具,给她和她的玩伴们安置宝宝和装饰品"。可想而知,那群小姑娘看到艾萨克制作了一架能用曲柄开动的载人四轮车,肯定认为他是个天才男孩。

艾萨克在制作物品方面显得很聪明,但在学习功课上就一般般了。在格兰瑟姆的学校里,男孩子都是按照成绩排名的,艾萨克几乎排在末尾。有一次,一个排在艾萨克前面的学生狠狠踢了他的肚子,踢得他跟跟跄跄的。艾萨克要复仇,并以此开始了跟随他一生的行为模式。他把那个同学叫到操场上狠狠揍了一顿,又把另外一个同学甩到了教堂的墙角。艾萨克·牛顿不允许别人把他当傻瓜对待。自那以后,对艾萨克来说,事情有所改变了。

此后,艾萨克以另外一种方式报复了其他同学。他开始认真对待功课,决定力争上游,要名列前茅,这种"复仇"的滋味是很甜美的。艾萨克的排名上升到了梦寐以求的位置,成了国王中学的"一哥"。如今,他想学一切他能学的内容。他掌握了欧洲受教育者读写通用的语言——拉丁语,还学习了希腊语,以便于读懂苏格拉底、柏拉图和亚里士多德等古希腊学者的著作。

此图来自1858年10月2日的《插图版伦敦新闻》,描绘了"竖立在格兰瑟姆的艾萨克·牛顿雕塑的揭幕仪式"

与众不同的男孩 | 011

制作自己的墨水，并用它书写

艾萨克·牛顿制作墨水所需的原材料均来源于"自然母亲"——橡树胆汁、阿拉伯树胶、啤酒或麦芽酒，以及"绿矾"：

制作优质墨水

需要切成细片或捣烂的五倍子226克，切碎的阿拉伯树胶113克。再将二者倒入1.14升的浓啤酒或麦芽酒中，盖好放置一个月，并时不时搅拌。一个月之后，加入450～680克的绿矾（绿矾过量的话会使墨水变黄），搅拌即可使用。

用带孔的纸容具盖住墨水，放置在太阳底下。你用了多少墨水，就加入等量的浓啤酒，这样可以持续用很多年。添加水容易让墨水发霉，添加酒则不会。如果敞开盖，空气也会使它发霉。

我用新制作的墨水写下了这些文字。

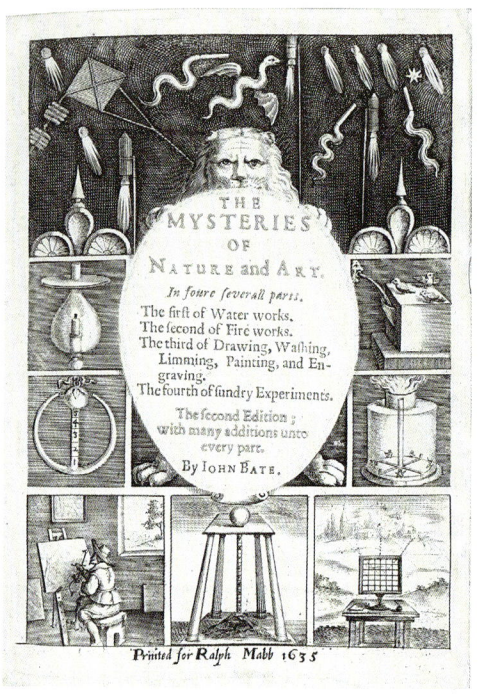

艾萨克得到一本书叫《自然和艺术的秘密》，他从这本书中学会了如何制作墨水
(©Glasgow university Library, special collections dept.)

五倍子是橡树胆汁，它是一种长在橡树上的寄生肿瘤，里面充满了茶和酒中常见的鞣酸。阿拉伯树胶是从阿拉伯树胶树中提取的增稠剂。绿矾则是铁与硫黄的混合物。你家中可能没有橡树胆汁和阿拉伯树胶，但你依然可以制作墨水，并像牛顿那个年代的男孩女孩一样，用你制作的墨水练习写字。

【在成人的监护下完成】

你需要准备：

· 12个核桃
· 旧袜子
· 切板

· 锥子

· 炖锅

· 水

· 过滤器

· 带盖子的浅容器

· 0.25 勺醋

· 带旧式笔尖的钢笔（书写工具在文具店可以买到）

· 书写纸

· 杂记本（参看第6页）

1. 敲开核桃，取出核仁。（你可以食用核仁，或用作其他配方的原料。）

2. 把核桃壳放进旧袜子的脚趾部位。

3. 在切板上隔着旧袜子捶碎核桃壳。

4. 把核桃壳放在平底锅里，放入适量的水，恰好淹没核桃壳。

5. 给水加热，直到平底锅周围冒泡，然后接着煮30分钟。

6. 停止加热，让核桃壳在锅里浸泡一个晚上。

7. 将液体倒入过滤器，滤出的液体放入浅容器里。

8. 加入醋。

现在你可以用你的墨水写字了。用笔小心地蘸墨水，在书写纸上练习写字。写起来并不像想的那么容易哦。练习一番后，你就可以在杂记本上写几句话了。

注意：这墨水可能会弄脏你的手指和衣服，使用时要小心。

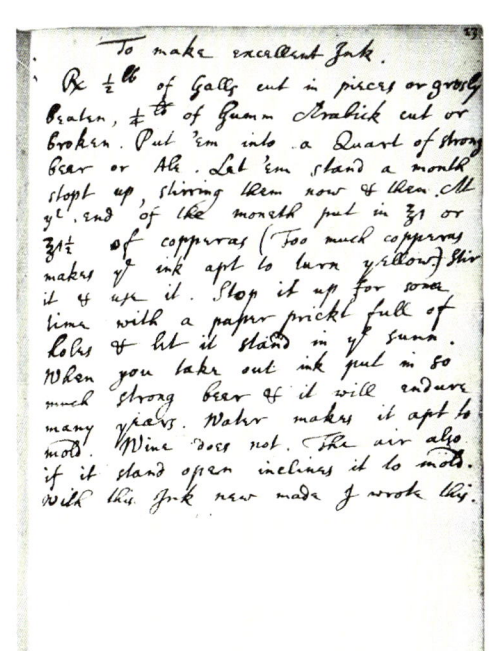

艾萨克用他新制的墨水写下了"制作优质墨水"这条笔记

（©The chymistry of isaac newton, indiana university）

与众不同的男孩 | 013

艾萨克还学习了基础算术，可能也学了些乘除法，代数和几何都不是国王中学的课程。艾萨克在那儿念书的时候，数学不是重要的学科，只有从事木匠、造船等职业的人才会学习数学。然而，如果校长亨利·斯托克斯发现艾萨克的天赋，他很可能就会用他所知道的数学知识"折磨"艾萨克了。

艾萨克还学会了"速写"——类似今天的一种速记方法。当时，学生用羽毛笔蘸墨水写字，卷面常常不整洁。在写信和摘抄笔记上，速写就显得非常有用了。艾萨克和同学写的英语在音与形上都与今天的英语不同。他用"ye"代替"the"、"yt"代替"that"、"wch"代替"which"、"yn"代替"than"。

艾萨克拼写单词也与众不同。他的笔记本里有一句标题是这样的：

Of ye Sunn Starr & Plannets & Comets.

（论恒星太阳 & 行星 & 宇宙）

就像棒球卡和其他比赛或体育项目的卡片，带有艾萨克·牛顿图片的卡片备受20世纪初收藏者的青睐。香烟卡（上图）展示了正在制作磨坊模型的少年艾萨克，茶叶卡（下图）展示了老年牛顿和他在伍尔斯索普的家

"Homes of Famous Men"
WOOLSTHORPE MANOR, NEAR GRANTHAM, THE BIRTHPLACE OF SIR ISAAC NEWTON
Driven from Cambridge by the plague in 1665, it was while sitting alone in this garden that the idea of universal gravitation occurred to the young Isaac Newton—the result, it is said, of seeing an apple fall to the ground. Later in life he elaborated this discovery into his famous Law.
Portrait by courtesy of The National Portrait Gallery.
Ty.phoo Series of 25   No. 15

在同一个笔记本里，他写下了制作金色墨水的配方：

如何制作金色墨水：

取一个新下的鸡蛋，在一头敲开一个洞，去除蛋清，只取用蛋黄。再加入蛋黄量4倍的水银与蛋黄一起搅拌，然后把混合物放回蛋壳里，并用一支粉笔和蛋清糊住洞口。然后把这个鸡蛋与六七个鸡蛋放在一起给母鸡孵，3周之后取回，敲破鸡蛋，里面的墨水就可以用来写字了。

在艾萨克念书的这个镇上，没有几个人识字。当时的英国人过着简单的生活，他们不会问一些关于周围世界的问题。大部分人家里没有钟表，因此他们通过观察太阳在天上的位置来粗略判断时间；有些家庭则用沙漏计时。一旦出现紧急情况，必须有人到教堂去敲响警钟，才能通知这个地区的每一个人。

艾萨克出生的时候，受教育的人都承认地球是圆的，但拒绝相信地球围绕太阳转。人们能亲身感受地球上的四季更替，自己的眼睛还能欺骗自己吗？他们亲眼看到太阳从东方升起，在天空中移动，然后从西方落下。

不过，有一些人的观点还是动摇了。有少数几个人开始用新的视角看待世界，艾萨克·牛顿就是其中一个。他开始用他感兴趣的物体做实验，观察、测量这些物体的性质。例如，他观察透过窗户投在住所墙上的阳光，看阳光在墙上如何移动，观察每一天、每一周的变化。他用钉子标记墙上的光束位置，根据春天白昼变长、冬天白昼变短而调整他的标记。随着时间的推移，艾萨克创造出了一个非常精确的日晷，行人可以通过"艾萨克的钟"知道时间。

艾萨克的邻居比较迷信。如果农场产了双胞胎羊羔，他们会认为是上帝生气了。如果一只黑猫路过他们面前，那就意味着该祈祷上帝赐予好运了。如果夜空中出现了彗星，厄运肯定会随之而来。1066年彗星出现，英国的历史"证明"了这条迷信。那年，彗星出现不久，英格兰的盎格鲁-撒克逊国王哈罗德就在黑斯廷斯战役中战死。哈罗德的对手——征服者威廉，以及威廉来自法国的诺曼同胞统治了这个国家，并永远改变了英国。

艾萨克有时候利用这些迷信做恶作剧。有一次，他成功吓唬了好些人。他扎了几架风筝，在风筝尾巴上捆上点燃的蜡烛，晚上就把风筝放飞到空中。结果，镇上的人以为自己看到了彗星，吓得半死。

务农失败

17世纪50年代后期，也就是艾萨克十几岁时，他母亲把他从格兰瑟姆叫回家。汉娜认为艾萨克在国王中学学的东西足够帮她打理农场了。农场里活很多，饲养牛羊、收割谷物，还要修理房屋、

这张巴约织锦绘出了那颗预言盎格鲁-撒克逊国王哈罗德厄运的彗星。一群女人，可能是一群修女，在尼龙布上一针一线织出了这张织锦。展开织锦，征服者威廉侵占英国的故事就一幕一幕地展示在我们眼前

围栏，管理农场的用人。这一切责任重大，汉娜·牛顿坚信，是时候让牛顿肩负起未来农场主的责任了。

没过多久，用人就看出艾萨克·牛顿不适合养羊。在本该照看羊群时，他却坐在树篱下看书。一次，他和一个用人去格兰瑟姆赶集，本该他做的事他却让用人去做，自己躲在克拉克家那间住过的屋子里看了一整天的书。

有一次，艾萨克骑马回家，上坡时他下来牵着马走。马脱了缰绳他都没有发现，他就这样牵着没有马的缰绳回到家中。的确，他的农活做得一塌糊涂，而且也痛苦不堪。

牛顿的好运来了，他人生中重要的两个人——汉娜的哥哥，即艾萨克的舅舅威廉·艾斯库，以及牛顿的校长斯托克斯先生——开始与他母亲交涉。他们来找汉娜，请求她让牛顿返回国王中学学习。为了说服艾萨克那位吝啬的母亲放他回去，斯托克斯甚至同意降低艾萨克的学费。

两人都认为艾萨克是块学习的料，只需几个月的准备，艾萨克就可以进入剑桥大学念书。舅舅威廉·艾斯库甚至早想好了他外甥要进剑桥的哪个学院：三一学院，那所他曾经学习过的地方。

艾萨克回到克拉克在格兰瑟姆的家中，又住回他曾经住过的那个房间。在国王中学学习期间，他很可能喜欢上了克拉克先生的继女。多年以后，那位姑娘已是年老的"文森特太太"，说起他们年轻时那段温馨的感情，坦言自己在牛顿离开格兰瑟姆去上大学之后才嫁给他人的，牛顿却并没有留下任何关于她的文字。

为了帮助艾萨克准备三一学院的入学考试，斯托克斯竭尽所能地教他。很快，牛顿就要离开林肯郡，到近100千米之外的剑桥大学学习，那里既是一所大学，又是一座城市。路过伍尔斯索普时，他回到家里收拾了些东西，并和家人道别。那时正值夏天，正是农场需要男丁的时候。

一位国王与他的学院

1661年6月,牛顿在学生名册上签字,正式进入三一学院学习。三一学院的建院资金来自它的创建者——那位臭名昭著的国王亨利八世。

正如我们现在所知,亨利八世有过六任妻子。他长大后是一位天主教徒,对天主教教皇忠诚不贰。然而,1531年,在教皇不同意他离婚后,他便与天主教决裂。亨利想要一个儿子,然而他的第一任妻子——阿拉贡的凯瑟琳,只给他生了一个女儿。

亨利需要先与凯瑟琳离婚,才能娶他在宫廷中相中的安妮·博林。但是教皇不同意,因为离婚违背了天主教的教义,即使是国王也不例外。因此,亨利创建了自己的英国国教,并自封为最高宗教领袖,允许自己离婚。随后他与安妮结婚,但他们还是生了一个女儿。

亨利为了寻求财富来发展英国,毁掉了天主教的教堂和修道院,并将其中的财富充入国库。然后,他的注意力转移到了像剑桥大学和牛津大学这样富有的学校。在剑桥,有一个故事是这样流传的:当时亨利的人马都准备要去抢夺剑桥大学的财产了。

那时,亨利已经是个年老体衰的老头,故事中说,亨利的第六任妻子凯瑟琳·帕尔是剑桥大学的赞助人。凯瑟琳巧妙

国王亨利八世(1491—1547年)

地建议亨利出资在剑桥创办一所皇家学院,专门培养效忠国王的领袖人物。

另外,亨利是一位虔诚的基督教徒,很担忧自己的灵魂是否安好。1546年,他创办三一学院,第二年就去世了。他为学院取名为"三一",是为了尊重基督教"三位一体"的教义——圣父、圣子与圣灵为同一本体。亨利这么做,是想在死之前讨好上帝。

三一学院
(©Library of congress Lc-diG-ppmsc-08091)

与众不同的男孩 | 017

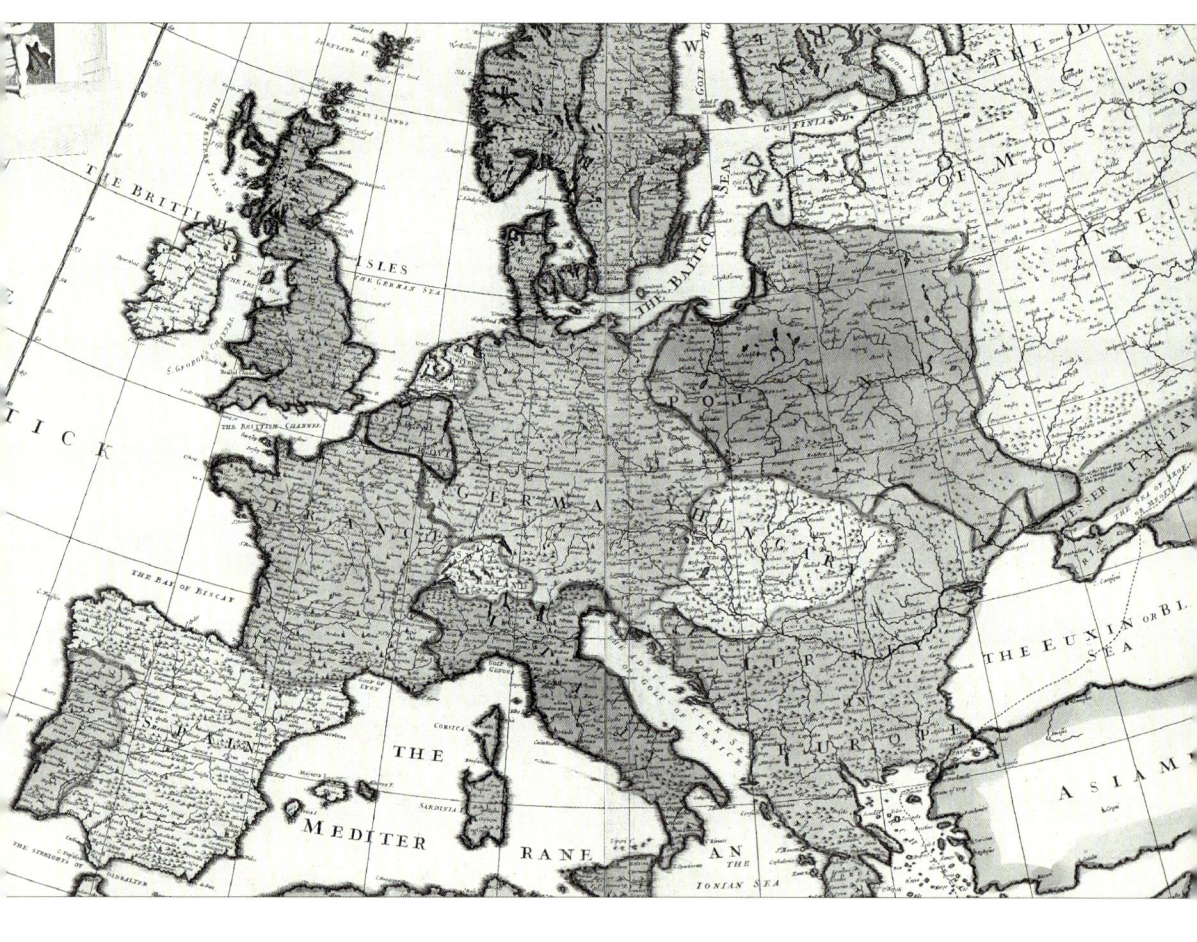

大约在1700年出版的欧洲地图 (©Library of congress G5700 17—.s4 TiL)

2

求学剑桥

那可是一段漫长而奇怪的旅程呀。通往剑桥的道路在艾萨克·牛顿面前延伸了近100千米。在英国的大部分领土隶属于罗马帝国时，就有了那条古道，如今它成了牛顿通向求学和机遇的道路。

这条路带着18岁的牛顿远离了他熟悉的一切——住在伍尔斯索普的母亲和同母异父的弟妹，还有格兰瑟姆小镇的学校。他骑马前行，从伍尔斯索普到剑桥的旅途花费了3天的时间。

1661年6月，艾萨克·牛顿骑马进入剑桥城。当时的剑桥城坐落在剑河两岸。公元1世纪，罗马人发现，在他们铺的从科尔切斯特通往林肯的通道上，剑桥正是一个关键的连接点，因此他们在剑桥布置了一处军事要塞。公元8世纪后期，剑河上架起了一座桥，使得剑桥从两个隔河相望的村庄发展成一个繁华的市镇，成了水上游客与沿着罗马古道而来的商人会合的理想之地。

剑桥这座充满生机与喧嚣的城市，也是与它同名的剑桥大学的所在地。学生和教师走在剑桥的街头，会与城里的百姓擦肩而过。很容易区别城里百姓和大学成员，因为学生和教师都穿长袍、戴帽子，显示出他们在剑桥的等级和他们来自的学院。在大学的围墙之内，有部分学院在13世纪就成立了。它们的名字——国王学院、女王学院、基督学院、三一学院——显示了这所大学与在伦敦的国王和英国国教的联系。

在今天，剑桥大学是一所世界名校，但在1661年，它的课程却不敢恭维。伦敦的国会成员听说，其他欧洲大陆的年轻人学习化学、解剖学、植物学、数学和历史等课程，而他们自己的孩子在剑桥学习的课程却没有这么高端。英吉利海峡只有不到50千米宽，但法国、德国和意大利的新思想却很晚才传到剑桥，而且慢慢才被人接受。

早期剑桥大学的西面侧景

过时的宇宙观

艾萨克·牛顿刚开始在剑桥学习时，那里的学生学习古希腊学者的思想，尤其是亚里士多德的世界观。从公元前384年到公元前322年期间，这位古希腊最著名的思想家居住在雅典这座小城邦，当时的雅典处于全盛时期，催生出了西方文明和西方知识。在亚里士多德死后的2000多年里，他的思想统治了后世学者的思想，到了17世纪中叶，艾萨克及剑桥的其他学生还在学习他的思想。

在阅读古希腊思想家的著作时，牛顿得知希腊人在宇宙中寻求完美。他们相信简单的事物是最美的，而这一理念成了希腊文明的基石。例如，牛顿很敏锐地发现，古希腊建筑都是基于希腊数学的理念而设计的，注重直线、完美的圆形，以及如正方形、三角形之类的简单几何图形。

牛顿继续深入了解亚里士多德的世界观。这位希腊哲学家将宇宙一分为二：一部分是地球和月球，另一部分是地球与月球之外的一切。亚里士多德写道，在地球区域，万物皆由四种元素构成——土、水、气、火。在地月系统之内，不完美与改变常有，正如月亮每晚都在变化。

然而，亚里士多德在月球之外构想了一个完全不同的情景。在月球之外延伸出一个完美的"天宫"（今天我们称之为"太空"）。在那里，一切事物按照圆形轨道有序运行着，一切完美，从未改变。

亚里士多德宣称，太阳和行星也是以完美的圆形轨道绕地球旋转的。中世纪时期，天主教徒赞同他的观点，并把

古希腊人设计建筑时，都是基于几何概念，突出简单的几何图形。美国国会大厦是体现这一设计理念的现代建筑 (©Architect of the capitol)

月 相

你可能认为月相变化是地球在月球上的投影导致的。不对！月相变化是由月亮与地球的相对位置，以及月亮、地球与太阳三者之间的位置而决定的。月球经历一次完整的月相变化需要28～29天，也即我们说的一个"太阴周"。["太阴"（lunar）指月亮，其词根源自拉丁文。]下文将介绍你自己如何观测月相变化。

你需要准备：
· 地灯或台灯
· 一根细棍，如筷子或铅笔
· 直径15厘米的泡沫球
· 一间黑屋子

移去灯罩，把灯放在房间的宽敞之处。你需要很大的空间确保可以伸出手臂、旋转身体。

将细棍插进泡沫球，制作成你的月球模型。灯是太阳模型，而你的头就是地球模型。

打开房间里的灯，保持灯亮着。伸展拿着泡沫球的手臂，举到略比灯高一点儿的位置。你将看到球

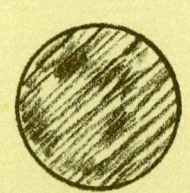
新月

蛾眉月

上弦月

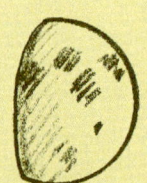
盈凸月

表面是黑暗的。我们称这个月相为"新月"或"朔月"。

将球慢慢向左移动，观察落到球面的指甲形的光亮，这个渐盈的月相叫作"蛾眉月"。"渐盈"意思是"增长"。

继续向左移动，直到月球的前半部分有光亮——这就是上弦月。到此，你移动到离太阳有多远了？随着你继续移动月球，月相开始进入盈凸月阶段。"盈凸"描述的是比半月大但比满月小的月相。

在你背对太阳时，月球发生了什么变化？（月球此时应该是全部被照亮的。）你看到的是满月，你已经历了太阴周的一半了。

继续向左缓慢旋转，直到转完整个太阴周。在此过程中，你的月球模型将经历"亏凸月"阶段，然后是下弦月阶段。

最后，月球旋转到它的"残月"阶段。旋转到最后，你将面对着灯光。

问一问自己：你如何手握月球模型演示出月食现象？

进一步思考

你可能想追踪月相的变化。大约每25小时月亮升起一次，你可以根据天气预报准确地推测月出的时间。显然，有时候你是没法看到月出的，因为月出时你正在酣睡呢。在其他情况中，月亮是在白天升起，然后跨过天空，此时太阳光遮盖了月光。然而，你可以在杂记本里记录月相变化，持续记录一两个月。

满月

亏凸月

下弦月

残月

这一观点引入罗马天主教的教义。太阳和五大行星——当时的人只知道五大行星——绕着地球旋转，各有各的圆形轨迹。每一个轨迹包裹着下一个轨迹，一层接着一层，形成多层的包裹式宇宙。

亚里士多德也相信，有一个神在指挥着宇宙，将一切维持在不断的运动中。他还说，"上帝"是不依靠其他力量而让宇宙运行的，它只单单"存在"着。亚里士多德视"上帝"为一切事物的"不变的推动者"。

亚里士多德关于神的观点也吸引了中世纪的天主教学者。亚里士多德思想中的"上帝"与基督教所信奉的无始无终的上帝完美契合。基督教的领袖也同意亚里士多德的观点：地球——由上帝所造、人类统治——屹立于所有创造物的中心。这一观点被称为"地心说"，也即"以地球为宇宙中心"的学说。

17世纪虽然离中世纪已有数百年，但那时的剑桥大学里，一些老师依然认为亚里士多德的世界观是正确的。他的观点确实是说得通的，因为人们看到太阳每天东升西落；月亮每28天经历一次圆缺变化，从小银钩增大成满月，又从满月变小直到消失在茫茫黑夜，往复循环；他们用肉眼可以看到火星和金星在群星中来回漫游。其实，单词"行星"（planet）的确切意思是"漫游者"。

地心说的宇宙观对德高望重的亚里士多德来说如果足够好了，那对于剑桥大学的大部分师生来说也不错。但艾萨克·牛顿在1661年来到剑桥时，欧洲大陆的天文学家已经开始颠覆这一学说了。亚里士多德的"地心说"宇宙观开始枯萎。

天文学家叫板亚里士多德

亚里士多德的地心说模型困扰了一些天文学家。一位波兰牧师——尼古拉·哥白尼在1514年宣告亚里士多德和天主教都错了。屹立于宇宙中心的是太阳而不是地球。这一观点被称为"日心说"，即以太阳为宇宙中心的学说。尽管不能验证"日心说"，但他提出了一个了不起的说法。

在16世纪末期，丹麦一位富有的天文学家第谷·布拉赫拥有一座当时欧洲最先进的天文台。他记录了有关行星和恒星位置的大量信息。1572年，第谷发

中世纪艺术家想象的"工作中的亚里士多德"
(©Library of congress Lc-usz62-110306)

尼古拉·哥白尼（1473—1543年）　　第谷·布拉赫（1546—1601年）　　约翰尼斯·开普勒（1571—1630年）

现了一颗超新星（一颗正在爆炸的恒星），证明了它在离月球很远的地方，而那里的一切都曾被认为是纯粹、不变的。根据天主教神父们的观点，这颗恒星是不可能存在的。第谷暗示说，行星围绕太阳旋转，而太阳与行星围绕地球旋转。第谷把这个设想命名为"第谷系统"。

1600年，一位年轻的数学家约翰尼斯·开普勒拜访了在捷克斯洛伐克为神圣罗马帝国工作的第谷。第谷留下了丰富的记录，但他不能用数学公式来描述恒星和星系的宏大的运动状态。第谷想让开普勒推导出公式来，但开普勒有自己的想法，他计划用第谷的数据去描绘出宇宙的新概念。

1601年第谷去世后，开普勒接替了他的工作。与其他人一样，开普勒预测行星的运动轨迹都是圆形，因此他查阅了第谷留下的关于火星轨迹的记录。开普勒不是用第谷的数据来证明一个圆形轨迹的概念，而是研究这些数据所能告诉他的事实。他发现，火星的运动轨迹是扁平的椭圆形。

开普勒在1609年发表了这个突破性的观点，但是很多天文学家无视他的发现；因为他们认为，行星的运动轨迹不是圆形简直不可置信。

伟大的伽利略

伽利略·伽利雷生于1564年，卒于1642年。从1592年到1610年间，他一直在意大利威尼斯的帕多瓦大学担任数学教授。与其他自然哲学家一样，他教授的科目除了数学，还有工程学、天文学等科目。他的工资待遇很低，反映了当时的数学家和自然哲学家在帕多瓦大学的低等地位。

1608年，伽利略了解到荷兰人发明的新"玩意儿"：望远镜。伽利略是个天才，他迅速意识到这个工具对他喜欢的研究将有很大的帮助。伽利略利用威尼斯制造

求学剑桥 ｜ 025

伽利略向几位意大利妇女展示望远镜 (©Library of congress Lc-usz62-110447)

的高质量玻璃，磨制成了透镜组，放入一支长管中。这样，他制成了可以将远处的物体放大8倍的望远镜。随后，他又制造了更好的、能够放大20～30倍的望远镜。

伽利略将望远镜对准月球。他看到月球上的阴影变化后，又用了一段时间去解释这个现象。一旦他明白这一现象，这便成了一个巨大的发现。月球并不像亚里士多德预想的那样是完美的物体，它的表面粗糙，高山、裂谷遍布其上，有着与地球表面一样的特征。在伽利略把望远镜转向木星时，他看到的不仅是那颗巨型的、彩色的行星，他还看到了惊喜——木星的四颗卫星。

1610年，伽利略在名为《闪闪发光的报信者》的小册子上发表了这一发现。他机智地将木星的四颗卫星命名为"美第奇星"，并把他的小册子寄给当时统治意大利佛罗伦萨城的有权势的美第奇家族。正如伽利略所希望的，大公爵科西莫·美第奇二世给他递来了橄榄枝。过不多时，伽利略就成了美第奇家族闪耀宫廷的首席数学家和哲学家。

这座城邦名为"佛罗伦萨"，其拉丁语为"flora"，意思为"花"。作为文艺复兴的中心，佛罗伦萨确实是意大利诸城盛开的"花"，而美第奇宫廷里则闪烁着学问的光芒。在文艺复兴时期，欧洲的各个皇家宫廷几乎都有各类学科的专家，而美第奇宫廷的最多。他们的朝臣有工程师、地图绘制专家、天文学家、外科医生和艺术家等。当时，天主教的修道院已不再是教育的中心。欧洲的皇家宫廷付给朝臣酬劳，因此成了新学科的赞助者。

伽利略从小就接触亚里士多德关于"物体下落的速度与质量成正比"的观点。也就是说，物体质量越大，其下落速度越大。这个观点听起来有些道理；比如，屋顶掉下的瓦片比木瓦片更先落地。但伽利略仔细思考这个问题后，得到了一个完全不同的结论。他推理说，在真空环境中没有空气阻力，所有的物体从同一个高度下落时着地的速度一样。也就是说，屋瓦与木瓦片落地时，速度应该完全一致。伽利略称之为"自由落体运动规律"。他接着论述说，在地球上，空气会阻止物体下落，而物体运动距离越大，其下落速度就越快，直到"末尾速度"，也即最大速度。

据说，伽利略爬上了比萨斜塔，从塔顶上放落铁球以验证他的新想法。这或许只是传说而已，但伽利略确实用不同大小的铜球，把它们从长而光滑的倾斜平面放下来验证这个概念，也得到同样的结果。铜球下落的速度与下落的时间成正比，而不是与其质量成正比。

伽利略随后开始研究平抛物体，如箭、投枪、炮弹和火箭。首先，他说这些物体的运动遵从自由落体运动规律，在被抛出或发射之后总要落回地面。其次，他推理说平抛物体保持飞行状态是因为有惯性。惯性指物体在没有外力作用下保持运动状态的趋势。

"惯性"概念直接与亚里士多德的世界观对立。亚里士多德认为，运动物体之所以运动，是因为某一别的事物促使其运动。但是，伽利略认为亚里士多德错了。惯性发生着、存在着，物体在空中运动时是不受外力推动的。伽利略又一次提出新观点，排除了陈旧的观点。

此时的伽利略报酬丰厚，并受到了佛罗伦萨有权势的人的礼遇，人生可谓是平步青云。他让每个人都知道，他赞同哥白尼令人惊讶的观点。他的观测结果也证实了哥白尼的观点：地球围绕太阳旋转。伽利略宣布，地球只是一颗普通的行星。

伽利略这一宣布给自己引来了麻烦。意大利另一个权力组织——罗马天主教来找他的麻烦了。天主教教义认为，上帝将地球上的人类置于万物的中心。一

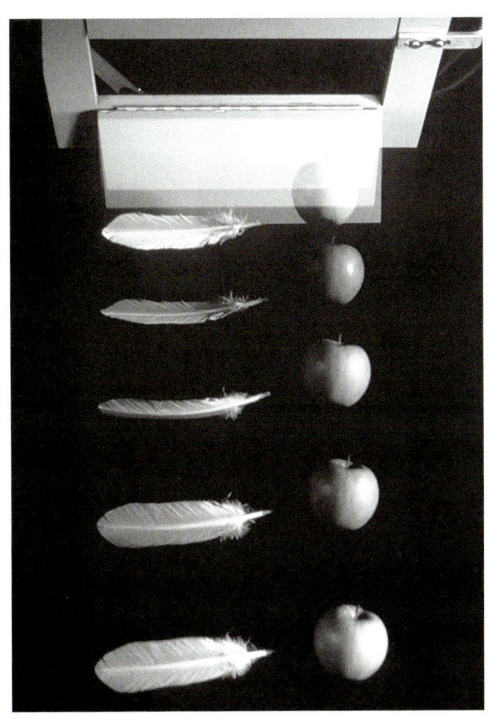

在没有空气的真空室内，苹果和羽毛下落时以完全一样的速度落地 (© Jim sugar)

求学剑桥 | 027

观察单摆的运动

伽利略在观察悬挂于教堂屋顶的大吊灯时注意到,正如挂钟装置里的钟摆与吊灯来回摆动一次所需的时间是一样的。单摆的"周期",也即单摆完成一次来回摆动所需的时间,是随摆长而变化的,不是随摆的质量而变化。理想状态下的摆,不论有多重,在同样的时间内摆动的幅度都是一样的。

你可以验证伽利略的想法。

你需要准备:
- 剪刀
- 风筝线或鱼线,或者细而坚实的麻线
- 纸夹
- 不同质量的重物(垫圈或钓鱼用的铅坠也可以)
- 胶带
- 助手(帮助你计时)
- 带秒针的钟或表

1. 截一段80厘米长的细线,在线的一头系上一个纸夹,纸夹上绑上一个垫圈。

2. 将线的另一头粘在桌子边缘或桌底面,保证重物可以自由摆动。

3. 保持细线绷直,向后拉悬挂的重物,直到细线与水平面平行。你的助手说"放"时,立即放开单摆,让其自由摆动。记录15秒内单摆完成多少次往复摆动。(单摆从起点摆动后又回到出发点,叫作一次往复摆动。)

4. 多次重复这个实验过程,用杂记本记录你的观察结果。

5. 现在将重物拉到细线与桌腿呈60°角的位置,此时高度是前一次实验的一半。问自己:"15秒内单摆往复摆动几次呢?"然后放开单摆。结果让你吃惊吗?

6. 在同一根细线上添加重物,重复上述的实验。你期待的实验结果是什么?得到的结果又是什么呢?

7. 现在,将细线长度缩短为40厘米。重复上述的两个实验。摆长为40厘米和80厘米的两个单摆,1分钟内哪一个摆动的次数多,哪一个摆动的次数少?在你记录的结果中,什么因素可以影响次数的多少?

我的实验：观察单摆的运动　　　　　　　　　日期＿＿＿＿＿＿

单摆数据表：

绳子长度	重量类型	与桌面平行或呈45°角	15秒内摆动次数（一次往复运动）

个名为"宗教法庭"的天主教堂特殊法庭以"传播异教邪说罪"控告伽利略,也即控告伽利略的观点与天主教官方观点背道而驰。因此,伽利略将被烧死在十字架上。一旦天主教法庭宣判他的异教邪说罪成立,他就只有死路一条了。

伽利略来到罗马,接受控告者对他的宗教审判。此时的伽利略已年近古稀,虽然他心中有真理,但他还是承认了自己的"罪行"。伽利略的余生就在牢房里度过了。虽然伽利略已是古稀之年,又受眼疾困扰,但他还在坚持研究,并写出了另一本世人瞩目的著作:《关于两门新科学的对话》。

在这本书里,伽利略论述了木头、石灰石等普通材料的强度、液体的性质、空气的质量及单摆的性质。在书的后半部分,伽利略接着论述了运动的性质。然而,伽利略的思想依然不够深远,始终没有引入引力的概念。这一历史性的任务落到了另一个自然哲学家——艾萨克·牛顿——的肩上。

1642年,伽利略去世;之后不到一年,牛顿诞生了。

由于自己的科学发现违反了罗马天主教教义,伽利略被迫在"宗教法庭"上接受审判
(©Library of congress Lc-usz62-11047)

3

不合时宜的牛顿

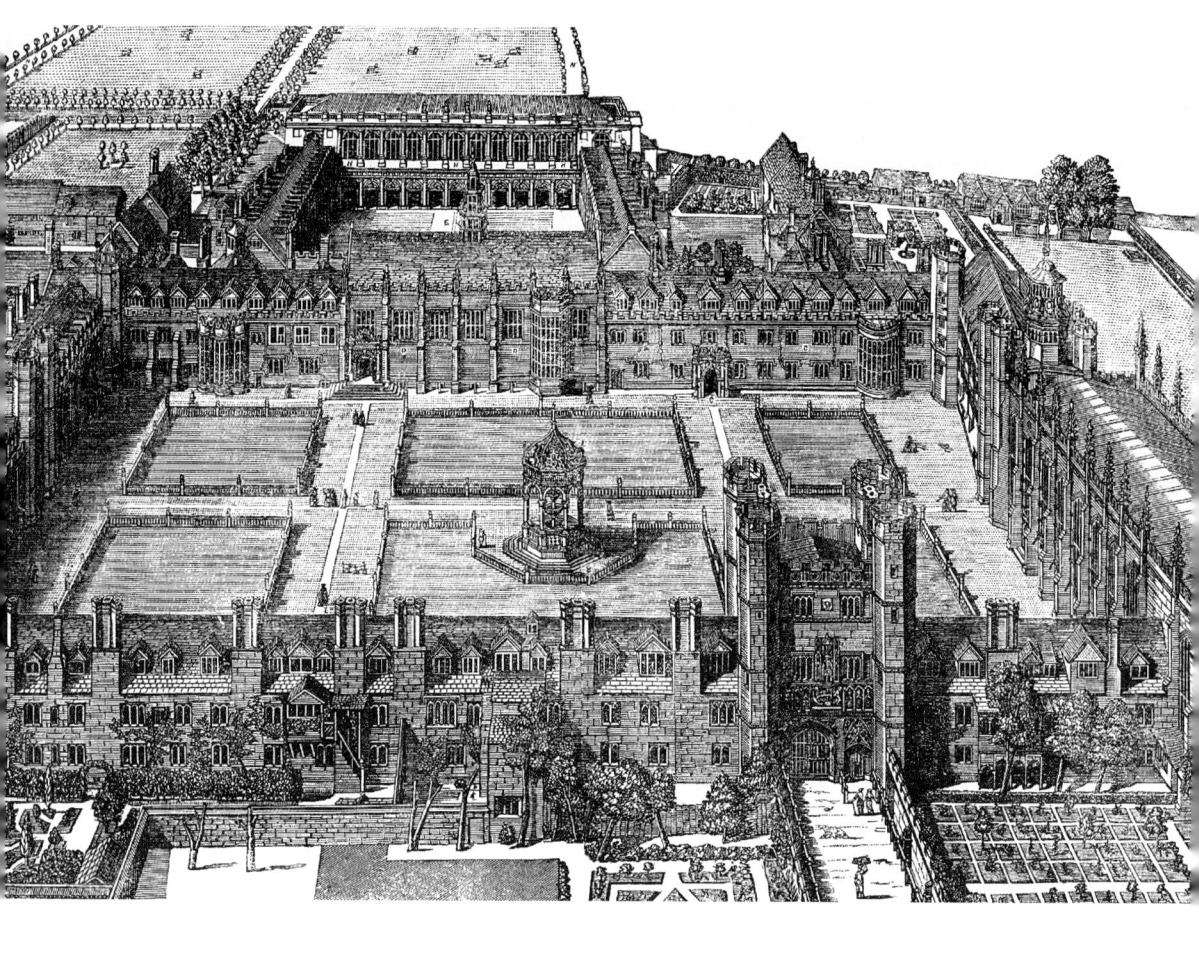

汉娜送牛顿去剑桥念书时，只给了他一点儿钱做学杂费。她继承了牛顿继父的产业后，除了伍尔斯索普农场的收入外，这算是多了一笔收入，成了一位富有的女人。但是她不愿意与儿子分享她的财富，至少不会为了儿子的大学教育而分他一些钱财。

汉娜最初的想法是让牛顿管理农场。当初，要不是学校降低了学费，她是不会放牛顿回格兰瑟姆念书的。等到牛顿上大学时，她的想法也基本没有改变。汉娜在给牛顿收拾行李时，只在他的口袋里放了些零钱，而她本可以将自己的儿子收拾得很体面。艾萨克手头的钱只够买些生活必需品。他在日记本里写道，他的钱用来买了蜡烛、墨水、墨水瓶、夜壶（显然，当时学生的解手容器放在自己的床下）。

汉娜这样做是想表明，如果牛顿真的很想上大学，他就得靠自己的努力完成学业。因此，牛顿进入三一学院的身份是最低的一等：减费生。

减费生相当于服务生，他们为学校的老师或家境好的学生服务。很可能艾萨克这名减费生不能和他服务的对象互相直呼其名，因此在剑桥时，别人直接叫他"牛顿"。

在剑桥三一学院及整个英国存在着一个固定的社会阶层体系，而牛顿就处在这个社会阶层体系的底端。在17世纪中叶，三一学院的学生被粗略地分为三个群体，反映了当时英国社会的阶级分层。在顶层的是富裕的学生，他们被称为绅士学生。这些学生的父亲都是有钱人，因而才送他们进剑桥。他们可以和教授一起吃饭，经常翘课也能获得学分，犯了错误不受处分，即使是犯了很严重的错误也不受惩罚。在中间层的学生是自费生。他们的父亲是小商人或低级牧师，需要付部分学费才能让他们上大学。尽管如此，顶层的学生还是会觉得自费生的社会阶层低，依然算是穷学生。但有时候，自费生的父亲可能会为他的长子买一个席位，以便长子能与富裕的学生平起平坐。这样一来，长子就可以成为一个绅士，用钱买到通向顶层学生阶层的晋升之路。

三一学院徽章

不合时宜的牛顿

处于最底层的是减费生。他们是最穷的学生,他们的父亲常常是小农场主或者在低级的教堂担任牧师一职。这些学生得在剑桥工作挣钱,才能支付学费、住宿费和伙食费。同时,减费生也因刻苦学习而出名。

牛顿作为减费生,工作后的回报是可以听讲座、与助教一起学习及与同学共享学习和睡觉的房间。但是,他不能参加一些有趣的活动。比如,有重要的人物来三一学院做讲座时,只有教师和绅士学生才能参加。以今天的标准看,这样的体制并不公平,但是各行各业的人都知道,"钱说了算"。财富与社会地位一体两面,而在当时的剑桥大学,社会地位高的人是享有特权的。

在伍尔斯索普的家里,牛顿习惯了仆人的服侍,可来到剑桥要做晨活,这让他感觉不知所措。他得早起,洗漱穿衣后到厨房胡乱吃些带有面包啤酒的冷食早餐,然后就为楼上的服务对象送早餐。他还得做些脏活,比如倒夜壶。而傍晚时,他得在三一学院大礼堂为更高阶层的学生端送晚餐。只有做完了一天的杂活,他和其他减费生才能吃上晚饭,而晚饭无非是些剩菜残羹。

不过,牛顿的生活格调却比其他减费生的要高。他在杂记本里记录了自己在校外的社交活动。他有多余的钱会借给减费生和比他地位高的自费生,在本上记下他们的名字,等债还了就把名字画掉。或许牛顿乐意帮助自费生,是想和他们做朋友;无疑,牛顿认为自己应该属于这个阶层,而不属于减费生阶层。他也加入了剑桥附近酒馆的学生聚会。他的日记显示,他玩牌时有输有赢,不过他声称自己没有输过一局"跳棋"——现在说的"国际跳棋"。

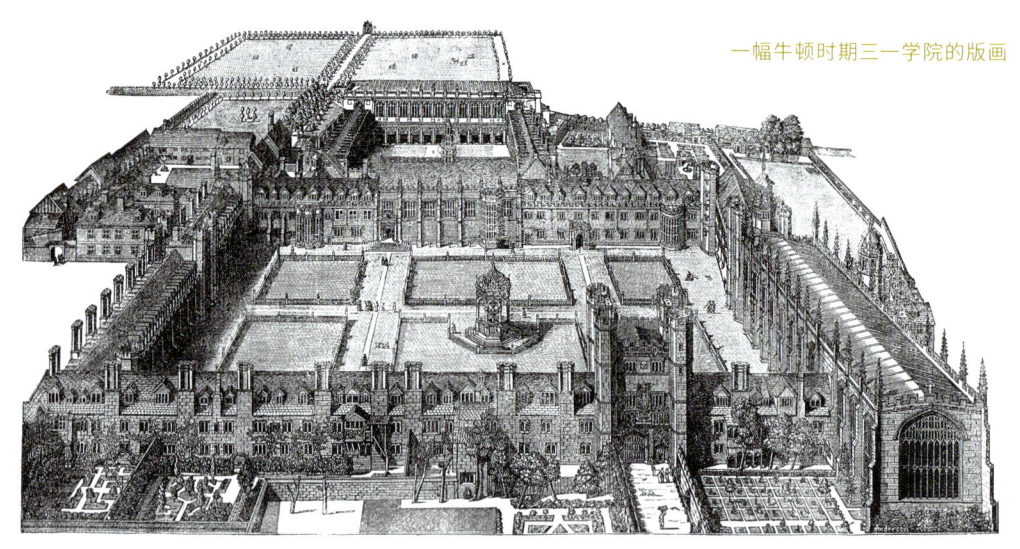

一幅牛顿时期三一学院的版画

在亨利八世的"注视"下,艾萨克·牛顿在三一学院大礼堂等候更高阶层的学生

尽管如此,牛顿在格兰瑟姆与同学格格不入的情况,在剑桥又经历了一次。他进入三一学院时,就比同届的同学年长一两岁。此时,他不再是一所小学校的"一哥",而是已经长大成人,是思想成熟的青年了。

很快,牛顿就发现自己在自然哲学上懂的知识与一些教授一样多,甚至比他们还多。他自己很清楚,自己天赋异禀,不同学科的难题到了他手里就不再是问题,很容易就被解决。牛顿也知道,在三一学院,他的数学是最棒的,几乎无人能及。但是,当时还没有其他人发现这一点。

不合时宜的牛顿 | 035

水钟还是蜡烛钟？

精确机械钟表在17世纪中叶才出现。牛顿童年时期，他的邻居通过观看太阳的位置来估计时间，或是用沙漏记录更短的时间。几千年来，水钟、燃烧绳子及蜡烛钟成了老百姓计时的工具。

你可以制作一个蜡烛钟和一个简易的水钟，看看古时候这些钟表在人们生活中的用处。

制作蜡烛钟

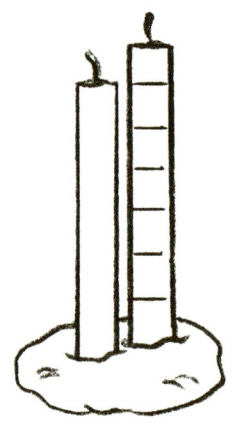

【在成人监督下完成】

你需要准备：
- 几根长短、粗细一样的生日蜡烛
- 火柴
- 尺子
- 细的永久性马克笔
- 几团黏土

将两根蜡烛插在黏土里。如果你的蜡烛头是尖的，就点燃蜡烛头，烧去尖的部分，然后吹灭蜡烛。保证两根蜡烛的顶部处于同样的高度。

请成人帮你点燃其中一根蜡烛，燃烧5分钟，然后吹灭蜡烛。用尺子测量第一根蜡烛燃烧的长度。利用这一数据，在第二根蜡烛上标画出几条线，两条线之间的蜡烛够燃烧5分钟。这样，你的蜡烛钟就做好了，把它先放在一边。

制作水钟

你需要准备：
- 大图针，图钉或者小钉子
- 软塑料杯（挤压会变形的杯子）
- 干净的长形罐子，它的敞口要能够架起一只纸杯

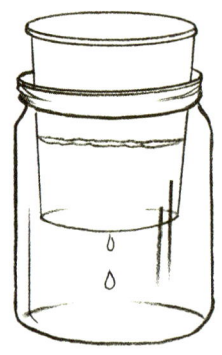

- 水
- 细的永久性马克笔
- 尺子
- 量杯
- 秒表或数字表

用图针在软塑料杯底部扎一个小孔。如前页图所示，把塑料杯悬架在罐子上。现在往杯里倒入半杯水，能看到水从小孔处向下滴吗？如果不能，你需要敲一下杯子让水开始往下滴。

水正常下滴后，标记 5 分钟后罐子里的水位高度。（如果需要，还可以往杯里添加水。）然后，拿走水杯，用尺子测量罐子里已标记的水位高度，在罐子上标记出更多的 5 分钟水位线。这就是你的水钟。把它放在一边。

对比水钟和蜡烛钟

现在，将你的水钟和蜡烛钟摆放在一起。堵住塑料杯的孔，并往杯里加水。在你的成人助手点燃蜡烛时，松开手指并迅速将杯子架放在罐子上，让水下漏。

观察两个钟表 5 分钟的计时情况。你看到了什么？哪一个钟更准确？你可以用其中一个钟为时长几分钟的活动计时吗？比如说铺床或者刷牙。

想想需要 30 分钟才能完成的事情，比如烘烤一盘巧克力蛋糕。你如何用你学过的知识来制作一个能记录长段时间的水钟或蜡烛钟呢？

制造错觉

牛顿刚进入剑桥时,就把自己当作试验品直视太阳,看看会发生什么……差点儿弄瞎了自己。千万不要直视太阳!

人领会事物的过程称为"知觉"。艾萨克·牛顿还是孩子时,就做了很多实验,纠正了当时人们的一个错觉——他们的眼睛告诉自己,太阳围绕地球转,因此他们相信地球就是宇宙的中心。

你的眼睛也会捉弄你。在第一个错觉实验中,你会了解如何用双眼聚焦在一个图像上。这个能力叫作"双眼视觉"。在实验中,你会发现什么样的错觉呢?

你需要准备:
· 铅笔

让静握着的铅笔跳起来。手握着铅笔,离眼睛一臂远,并保持铅笔与地面垂直;保证铅笔与背景的直线物体——窗子或门框平行,然后闭上一只眼睛。

手握铅笔,让铅笔完全静止,同时睁开闭着的那只眼睛,闭上另一只眼睛。快速交替重复以上动作。你看到了什么?眼前发生了什么?

再试一个错觉实验。你能看到11根手指吗?将你的两根食指指尖并在一起,手离眼睛30厘米远。眼睛盯着指尖,慢慢朝着你的眼睛方向移动手指。你能在两根食指指尖之间看到两端都有指甲的第11根手指吗?(看起来像一根奇怪的小香肠。)

在最后一个错觉实验中,你不需要折纸就能看到下图的蜜蜂飞落在花朵上。手拿着这页纸,离眼睛30厘米远,然后将纸缓缓朝脸移动,在这个过程中眼睛不要离开蜜蜂和花朵。在某一时刻,眼睛没法同时聚焦在两个物体上,此时你会看到蜜蜂飞到花朵上。

牛顿早年在剑桥时,从没有公开表达过自己头脑深处的思想。他在笔记本上记录了自己的想法和各类学科的实验,但从未与同学或老师分享过。牛顿很谨慎地隐藏自己的研究。

在三一学院,与其他同学一样,牛顿也得学习神学,研究上帝的本源。在牛顿的那个年代,每个有知识的人都要学习神学。实际上,三一学院有一个规定:该院的每一位教师一定要担任神职,成为英国国教的一名牧师。因此,牛顿也从研究自然世界转向了思考精神世界。

这一回,牛顿又一次偏离了英国国教成员的常规思想。显然,牛顿是相信上帝存在的,但随着岁月流逝,牛顿开始质疑国教的一些基本的教义,而其他人却认为这些教义是神圣的。对于自己的不同想法,牛顿缄默不语,在晚年才与几个密友谈及。也许他是害怕没有人相信他说的;很有可能,牛顿被困在了自己的思考中,正如一只蜘蛛被缠在自己织好的网上。

才智过人的牛顿看问题的方式与常人不同。他一旦锁定了一个问题,就要从各个可能的角度思考这个问题,不轻易放下。

剑桥的师生注意到了牛顿的怪异。不过,古往今来,天才的行事与思考方式总是特立独行的,他们也难以融入周围的群体。我们只能想象,其他学生和老师看待牛顿时,眼光里应该既有好奇,又有厌弃。

狂热的友谊

牛顿进入剑桥时,正值国王查理二世政权的初期。1660年,英国内战结束后,英国国会迎回的查理二世登基为国王。国王与他的朝臣把魅力与时尚带回了伦敦;而伦敦的许多学生把随心所欲

当年牛顿在三一学院校园散步时,亨利八世的这尊雄壮的雕像俯视着他

不合时宜的牛顿 | 039

国王查理二世与他的嫔妃们纵情欢乐,经常玩像"扑飞蛾"这样的愚蠢游戏

与其他地方的大学男生一样,剑桥的年轻人分正经的和不怎么正经的。正经的男生注定要做国教的牧师,而其他不正经的则是享受大学生活的"派对动物"。无论是过去还是现在,正经的学生与寻欢作乐的学生都是很难相处的,因此,室友间的别扭在所难免。

也许是坏运气使然,牛顿发现,在自己求学的最初一年半里,与自己同屋的是一个酒徒。一次偶然的机会,他遇见了一位处于同样困境的三一学院的学生。当时,他与那位学生在校园里散步,很可能都是为了躲避宿舍的作风带到了剑桥。相当一部分学生逃避必须参加的礼拜,并且混进小酒馆和咖啡屋寻欢作乐,大学的管理员对此也不闻不问。更糟糕的是,有的学生与背景可疑的女人厮混在一起,而不是与有良好教养的年轻姑娘正常交往。里嘈杂的聚会。那位学生名叫约翰·威金斯,是一名自费生。他也与牛顿一样对自己的学业很上心。

1727年,在威金斯和牛顿都去世之后,威金斯的儿子写了一封信解释自己的父亲是如何成为牛顿的室友的:

彗 星

彗星是沙砾和冰体形成的球体，差不多与太阳系一样古老。直到20世纪中叶，天文学家才弄明白彗星核由什么组成。彗星有时候被描述成"肮脏的雪球"，其中25%是尘土，75%是冰体，含有大量的氨、甲烷和二氧化碳。20世纪80年代的卫星图片证实，彗星含有尘粒，颜色实际上是黑色的。

哈雷彗星是一颗短周期的彗星，大部分人的一生中只能遇见一次，其周期为76年。古代的记录显示，有的彗星要上百年或上千年才会再一次出现。

哈雷彗星的"尾巴"光芒闪亮，但不是所有的彗星都有"尾巴"。带"尾巴"的彗星因为其特殊的结构，气体和岩石块才能以喷射的方式从它的核内逃逸出来。随着彗星接近恒星（如太阳），太阳辐射和太阳风会引起冰体升华——从固体直接变成气体，形成长光带。彗星的"尾巴"总是背着太阳"扫过"。

很多彗星在奥尔特星云中"出生"。天文学家猜测，奥尔特星云是一团寒冷、巨大的颗粒云，悬挂在太阳系之外。天文学家相信，路过的恒星的引力偶尔会从奥尔特云中拉出一颗彗星，让其进入太阳的引力场。其他的彗星被认为源自柯伊伯带。柯伊伯带是矮行星（如冥王星）的松散星群，绕行在太阳系的海王星轨道外。

彗星诞生，彗星消亡。彗星围绕太阳每行走一步，就会蒸发一小部分。但不用担心，每年都会有大约30颗新的彗星出现，这些彗星定会在几百万年以后路过地球。

1664年圣诞节，一颗彗星划过剑桥大学的上空。牛顿勾勒出几幅图描绘了那颗彗星。现收藏于印第安纳大学图书馆（©indiana university Library）

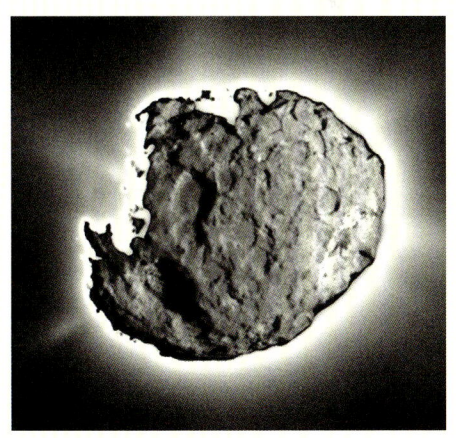

没有尾巴的怀尔德彗星（©NASA）

定位你的纬度

卫星和全球定位系统出现前的几百年里,水手们利用一种叫六分仪的设备定位他们的纬度——离赤道向北有多远。水手依赖北极星确定自己所在的纬度。肉眼看来,北极星是一颗不动的恒星,总是在地球北极上方的一个固定位置。

水手们利用六分仪测量他们所在位置与北极星的夹角。这个角度告诉他们相对于赤道所在的位置。比如,夏威夷岛的火奴鲁鲁与赤道的夹角为北纬21°;伦敦与赤道的夹角为北纬51°。

你可以制作一个简易的六分仪,测量你所在位置的纬度。这个装置在繁星点点的夜空使用时效果最好。

你需要准备:
· 同伴
· 铅笔

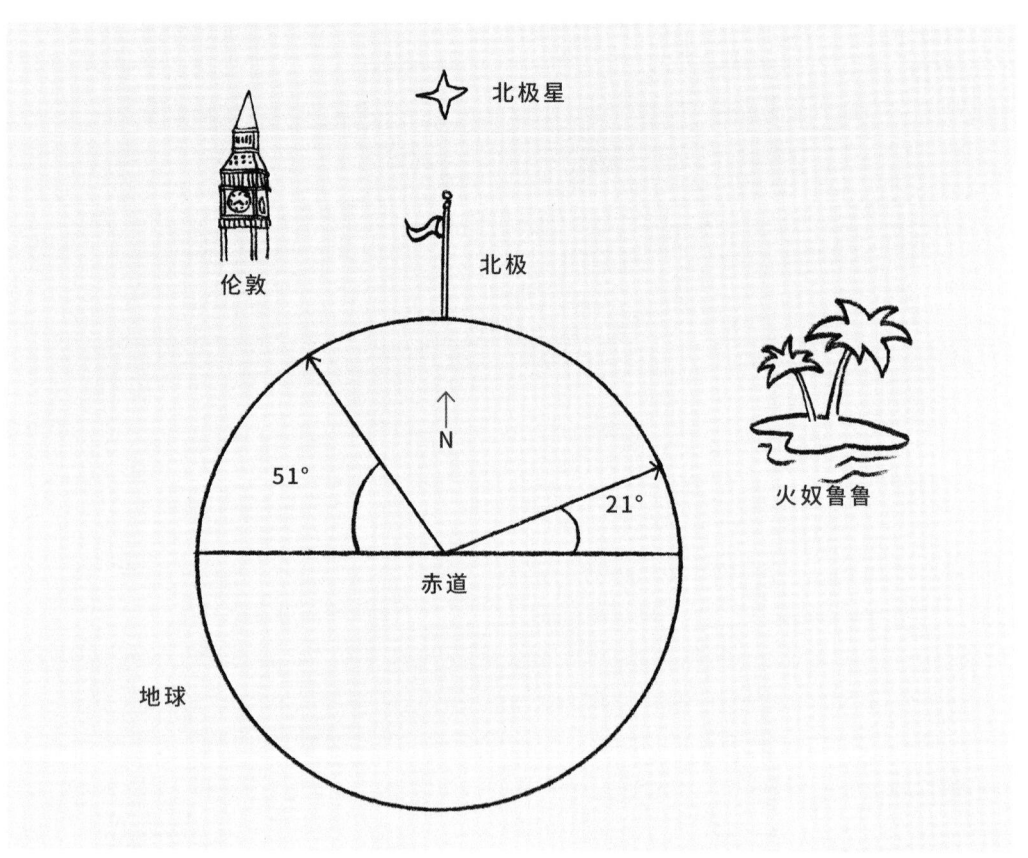

・胶带
・吸管
・手电筒
・杂记本
・地球仪或地图册
・边长15厘米的纸板
・剪刀
・胶水
・重物（如垫圈）
・50厘米长的鱼线或风筝线
・描图纸或已有模板的复印图

1.在一张纸上描绘出或复印出右下角的六分仪模板图，将这张纸贴在纸板上，标画出六分仪的边沿。沿着实线剪下纸板，在直角附近扎一个小孔，如图所示。

2.将重物系在鱼线的一端，将鱼线的另一端穿过六分仪的孔，并系紧在六分仪上。

3.如图所示，将吸管粘在六分仪模板的边沿。不要粘住鱼线。

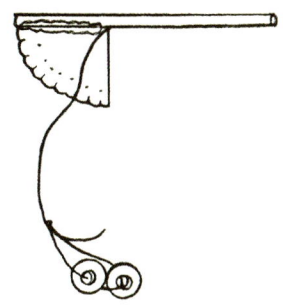

4.在晴朗的夜晚，走出室外找到北极星。如果你不知道北极星在哪儿，就往北边的夜空看，找到大熊星座（也叫作"大北斗星座"）和小熊星座（也叫"小北斗星座"）。北极星就在小熊星座的斗柄末端。如果依然找不到，这有一条线索：位于大熊星座"北斗勺"边沿的两颗星连线"指向"的就是位于小熊星座的北极星。你可以访问这个网站找到星座一览表：www.space.com/nightsky。

5.闭上一只眼。让系有重物的线自由下垂，吸管的一端对着你睁开的那只眼睛，另一端指向北极星，这样在眼睛与北极星之间就形成了一条"视线"。顺着吸管的顶端找北极星比顺着吸管内部找容易得多。一旦你找到了北极星，就让你的同伴在电筒的光亮下找到鱼线落到六分仪曲边的位置，所显示的角度数值是多少？这个角度就是你所在的纬度。

6.在地球仪上或地图册上核对你的结果。你的六分仪测量数值准确吗？

7.你可以在杂记本上将这个活动画成图，图上要有地平线、北极星及你所在的位置。

思考：如果你生活在南半球（赤道以南），结果会是什么？你将怎样确定你所在的纬度？

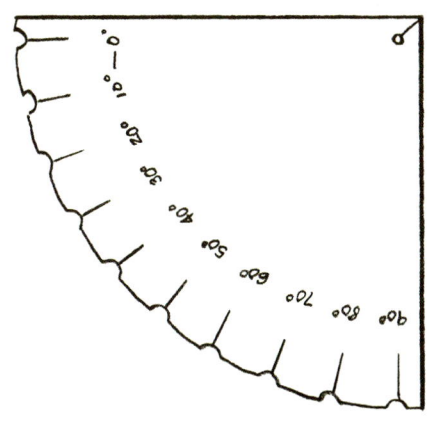

我父亲与牛顿的友好关系源自一次偶然机会。我父亲的第一任室友对他很不友好，他想出门散心，在散步的途中遇到了牛顿先生，他觉得牛顿孤独、沮丧。两人聊天后，发现他们揪心的理由一样，因此决定摆脱各自不守规矩的室友，然后结为密友一起住。他们很快就行动了，两人成了室友，直到我父亲离开三一学院。

　　牛顿与威金斯结为密友，住在一起。从各种迹象看，约翰·威金斯是牛顿生活在剑桥时唯一真正的朋友。能有威金斯这样的朋友，并保持了与他的友谊，对牛顿来说是幸运的。

　　在随后的20年中，威金斯的这位杰出室友逐渐将研究成果公之于众，威金斯作为他的助手，扮演了一个安静却极其重要的角色。毫无疑问，牛顿累了或是忘了吃饭（经常发生）时，是威金斯支撑着牛顿的精神和身体健康。他们的友谊深厚，有证据显示，牛顿是怀着强烈的忌妒心守护着这份友谊的。

　　1683年，已到中年的威金斯决定娶妻，这段友谊因此突然终结。威金斯离开剑桥，做了一个乡村教区的牧师，在那里组建了家庭。牛顿把这位朋友的决定看作是对自己的羞辱。后来他与威金斯再也没说过话或通过信。

　　不过，牛顿似乎没有忘记他的朋友。两人到了垂暮之年时，牛顿给威金斯寄了一小捆《圣经》作为礼物，以便昔日的室友在教区工作时可以用到。

# 4

提出问题

与三一学院的其他新同学一样，牛顿在大学的前几年也结识了一位导师。牛顿的导师名叫本杰明·普伦，他是一位精通很多学科的学者。每一次与普伦讨论之前，牛顿会先认真完成阅读任务。很多时候，牛顿知道的并不亚于这位导师。

普伦很佩服牛顿的学识，同意这位富有天赋的学生自主学习，想学什么就学什么。当时剑桥的校园里，师生讨论最热烈的是法国人勒内·笛卡儿的著作。牛顿认为这是个值得研究的课题，笛卡儿是现代著名的哲学家，知识广博，研究兴趣涉及17世纪上半叶的整个知识领域。他研究自然哲学和数学；他绘制了以地球为中心的宇宙地图；他以"我思故我在"回答了什么是存在的本质；他还探讨了上帝的本性。

笛卡儿所做的研究影响了全欧洲的大学教师，他们很欢迎笛卡儿先进的学习方法。笛卡儿暗示说宇宙按照一种机械模式运行着。行星以名为"涡流"的粒子流运行。笛卡儿的涡流理论解释了他的"万物无一样是空的"这一信念；一切都需填充之物。

牛顿转向了对笛卡儿著作的讨论。在三一学院，学生没有老师的陪同是无法进入图书馆的，不过，牛顿还是弄到了笛卡儿的书，并开始研读起来。

笛卡儿的思想以不同的方式引导着牛顿思考。牛顿有一个笔记本，里面还有100来页的空白页，他在其中几页记录了他阅读笛卡儿著作的心得与思考。之

勒内·笛卡儿（1596—1650年）
(©Library of congress Lc-usz62-61365)

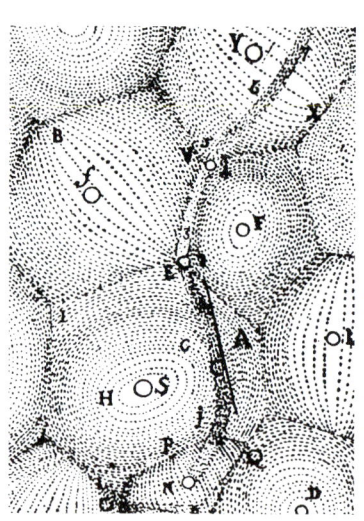

笛卡儿的概念中，行星在涡流中运行

后，他突然来了个转变：列出了他想学的所有学科。

牛顿在笔记本上写下了"哲学问题"这几个字，又在剩余的空白页里写出了阅读计划中的各个学科。最终，他在笔记本

里列出了45个科学主题，囊括了当时物理学中的所有主题，以及更多的科学课题：

原子；真空与原子；质量；身体的关节；空间；时间与永恒；水钟或沙漏的表征；运动；天体物质与天体轨迹；太阳、恒星、行星与彗星；稀度与密度；稀疏与凝结；热与冷；重力与浮力；剧烈运动；空气；水与盐；地球；上帝；创世；灵魂。

这份清单的内容不断在增加。

牛顿提出的诸多问题，象征了人类思想的门槛。牛顿提出了有关周围世界的问题，同时也给出了回答这些问题的条件。不知牛顿是否知道，他算是第一批暗示自然哲学家可以通过实验回答科学问题的人。

牛顿大约是在1662年开始提出这些问题的。1664年，他继续补充着，因为不断有新的事物激发他的兴趣。笛卡儿引导他走向一个新方向，通向数学王国的方向。

天才接数学的招

牛顿刚到剑桥，似乎没有准备好对付代数和几何，而其他同学则跟着导师学习。代数研究传到剑桥主要是通过以色列学者的拉丁文译著，尤其是阿拉伯数学家阿尔·花拉子米（780—850年）的著作。阿尔·花拉子米的著作《还原与对消计算概要》（*al-jabr wa'l-muqabalah*）给了我们"代数"（algebra）一词。代数利用诸如 x、y、z 这样的符号将复杂的问题简单化。

然而，几何学却是早期希腊人的发明。大约在公元前300年，在埃及的亚历山大住着一位数学家，名叫欧几里得。他将其他希腊数学家的成果总结成一种普遍适用的形式。欧几里得几何学讨论的是二维平面内的直线和图形——三角形、四边形和圆。

牛顿很快厌倦了代数和几何，因此他跳过这两门学科，转而去研究另一个不同的问题。此时，阅读笛卡儿的著作让牛顿走向一条通往高等数学的路。笛卡儿以全新的形式研究了欧几里得的几何学，可谓是前无古人。这位法国哲学家想在三维空间内解决几何问题，而不是在二维平面上解决。为了达成这一目标，笛卡儿将代数运用于几何学研究中，并称他的新数学方法为"解析几何"。

牛顿在剑桥找不到人可以指导自己，便自学了笛卡儿的新著作《几何学》（*La Géométrie*）。他不懂法文，手上可以读的只有一个拉丁文版本的《几何学》。他每次只能研读几页，重复阅读、思考，直到弄明白了才继续学习后面的内容。

不过，在剑桥还真有人能理解笛卡儿的解析几何。牛顿可真是好运，因为三一学院正是博学多才的艾萨克·巴罗博士的办公之地。巴罗博士通晓从希腊文到天文学等各类学科，还是皇家学院的成员。（皇家学院的学者定期在伦敦集

艾萨克·巴罗是第一位获得卢卡斯数学教授席位的剑桥教授。在艾萨克·巴罗之后，艾萨克·牛顿及其他杰出的学者相继担任卢卡斯数学教授

会，讨论自然哲学的问题。）巴罗最新的研究把他带进了数字的王国，他因此成了三一学院第一位卢卡斯数学教授。亨利·卢卡斯是一位英国富人，在遗嘱中给剑桥捐赠了资金，以便剑桥可以聘任一位首席数学家。（在巴罗之后，当过卢卡斯数学教授的还有很多著名人物：艾萨克·牛顿；天文学家乔治·艾里；查尔斯·巴贝奇，一位将电脑基础编程可视化的数学家；斯蒂芬·霍金，21世纪备受称赞的物理学家。）

起初，牛顿面临的挑战与三一学院其他学生一样。1664年春天，他得通过一个奖学金考试，才能获得永久留在剑桥的机会，否则就只能回伍尔斯索普了。他承受着巨大的压力。

牛顿面临着残酷的竞争：有很多在伦敦威斯敏斯特学校度过童年的年轻人，直接就拿到了奖学金。确实，在皇家宫廷认识有影响力的朋友有助于获得奖学金，然而牛顿并没有这样的朋友。

牛顿知道，是时候补习之前的功课了。他的笔记透露，他复习了本该在刚来剑桥时就需要读的书。不过，这次他又完全忽略了欧几里得几何学的基础知识。巴罗博士给牛顿做了一个关于欧几里得几何学的口头测试，但他在这位教授面前答非所问，说不出所以然。巴罗博士看不出牛顿居然理解了更难的笛卡儿的解析几何，因为牛顿从未告诉过他。

也不知最终是什么原因，牛顿还是获得了奖学金。也许，巴罗博士在牛顿糟糕的几何成绩背后洞察出他有学者的潜力，在某一点上，牛顿让巴罗博士看到了他敏锐的数学理解力；或许，其他教授也发现牛顿比别的学生更聪明。更有可能的是，牛顿有一位在剑桥有影响力的导师汉弗莱·巴宾顿。巴宾顿是伍尔斯索普附近一个教堂的牧师，也是三一学院的高级教授。巴宾顿的妹妹是格兰瑟姆药剂师克拉克先生的妻子，而牛顿在国王中学读书时，曾寄宿在克拉克家里。很有可能，巴宾顿教授在三一学院其他老师面前为牛顿说了好话。

牛顿此时已从三一学院毕业，正在攻读硕士学位。然而，在三一学院或整

从文艺复兴到皇家学会

约翰内斯·古登堡于1440年在西方发明印刷术之后,欧洲的学术便从中世纪的消沉中走出来,呈现了繁荣复兴的景象。复兴意味着"再生",这时期有一大批科学家涌现了出来。

19世纪以前,科学家都自称为"自然哲学家"。许多自然哲学家研究所有的科学领域,学习几乎每一个学科的内容。对于现在的科学家来说,这几乎是不可能的。

17世纪中叶,绅士们成立俱乐部,分享他们对自然哲学的热爱。伦敦的学者开始讨论最新的科学发现。国王查理二世参加过一次讨论后,这个俱乐部就取名为"皇家学会"。很快,这个学会和它的期刊《哲学会报》成了英国科学界最具权威的组织和期刊。

被选为皇家学会的会员(成员)是一种荣誉。皇家学会每周的实验展示是这个学会成功的关键。用材料做实验这一想法在当时是相当新潮的。当人们问"为什么这样""为什么那样",他们期待的回答是"因为这样,所有这样"。有关自然的一成不变的观念统治了他们的思想。

然而,在皇家学会成立初期,自然哲学家采纳了哲学家弗朗西斯·培根的建议。培根力劝学者们改变他们研究世界的固有观念。因此,他们开始寻求突破。首先,他们观察、记录,然后花时间思考观察所得的结果;之后,他们提出假设来解释他们所看到的;最后,他们做实验来验证自己的想法,得出结论。

皇家学会的会员绝对没有想到,在他们逐步发展科学方法的同时,正在创造一次科学革命。

英国医生、自然哲学家威廉·哈维发现血液在人体内循环

弗朗西斯·培根(1561—1626年)

个剑桥大学，还没有人（包括巴罗教授和巴宾顿教授）发现牛顿的大脑里流动着非同一般的天才思想。

害虫，瘟疫，沉思岁月

1665年春天，牛顿在复习考试时听到了骇人的消息。伦敦暴发了瘟疫，人心惶惶。英国最吓人的疾病——瘟疫在17世纪暴发了好几次，英国人理所当然很惊恐。14世纪，瘟疫以燎原之势横扫了整个欧洲。瘟疫过后，男女老少每三个人中就有一人死去。那场瘟疫后来被称为"黑死病"。

剑桥的人不知道这次瘟疫是由两种常见害虫——黑鼠和跳蚤——的致命关系引起的。17世纪时，这两种害虫在整个欧洲很是猖獗。跳蚤生活在每一个家庭里，不分贫富；黑鼠则躲在屋檐下或墙壁洞里。黑鼠吃垃圾，而每一个市镇都有垃圾供黑鼠享用。

黑鼠携带瘟疫，跳蚤则吸食宿主的血液。如果跳蚤觅食时吸了黑鼠的血，就会感染上瘟疫；再去叮咬人，就会将瘟疫传播到这个不幸的人的血液里。

连牛顿也没想到，是细菌把瘟疫从黑鼠传到跳蚤再传到受害者体内的。当时没有人知道细菌的存在，200多年之后，医生用显微镜才发现了引起瘟疫的细菌。

随后，瘟疫伴着旅客和旅客羊毛衣服里的跳蚤传到了剑桥。对这座北方的城市来说，1665年的夏天异常炎热、潮湿。而炎热、潮湿的天气给跳蚤的繁衍提供了绝佳的气候条件。

瘟疫令人恐慌。人体的腋窝、腹股沟和脖子上的腺体感染细菌后，会肿得像紫色的干李子，并伴随着身体发热。受害者的大脑被感染，很多病人冲出房门到大街上乱跑。城市管理者一旦发现这些人，通常会钉死他们的家门，把感染的人锁在里面，然后在门上画一个红色十字架，告知路人：此处已被瘟疫攻陷。

一个屋子里若有10人感染，往往只有两三个人能活下来。护士本该去照顾病人的，但人们抱怨说护士不是照顾病人，而是趁机偷走病人家里的东西。那个炎热的夏天，每晚会有开车收集尸体的人沿街把尸体拽到车上，拖到墓地，然后扔进万人冢。

当时研制了很多预防药，人们为了避免感染，无药不吃。他们还燃烧大火，企图祛除"携带"瘟疫的空气。许多人

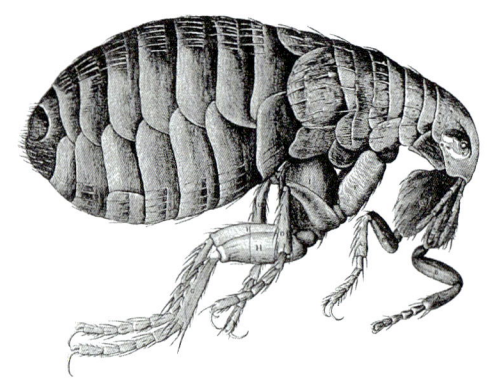

皇家学会成员罗伯特·胡克画的跳蚤放大图

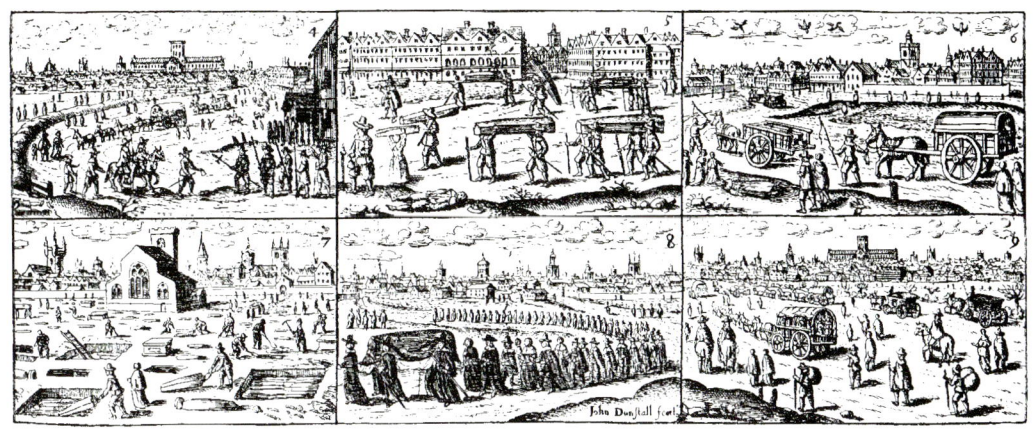

早期的一幅版画描绘了瘟疫带来的灾难

在脖子上挂着迷迭香、薄荷、苦艾等一串串的草药，窗子边也种了不少。有时，人们会在家里开一枪，祈望火药的气味能消除那卑鄙、邪恶的传染病。剑桥的一位博士甚至建议，健康的人做一个装着病人粪便的小包，挂在脖子上可以祛除疾病。

夏季结束时，剑桥的大部分学生和老师已经逃离伦敦，转移到了小村庄继续学习。牛顿由于不需要导师，就直接回到了伍尔斯索普的老家。

伍尔斯索普的宁静时光

瘟疫在寒冬中慢慢退去了，第二年3月剑桥大学复学后，牛顿也返回了学校。然而，随着第二年暖夏的到来，瘟疫再次降临，牛顿又一次离开学校。从1665到1667的两年里，牛顿在伍尔斯索普过着安逸的生活。他不需要向老师证明什么，生活中也没有喧嚣的学校环境干扰。这段时间，牛顿的思想在茁壮成长。

20世纪之前的历史学家写牛顿的传记时，常常把这段时间描述为牛顿的"奇迹岁月"（anni Mirabili）。然而，近代历史学家的视角没这么浪漫，而是更加客观。他们发现，牛顿的奇迹岁月一点儿也不奇迹。牛顿在剑桥学习了4年，脑子里充满了知识与想法，他在伍尔斯索普过得自由自在，只需要做他最擅长的事：发问与思考。

回到伍尔斯索普的这两年时间，牛顿让各种想法在脑子里自由翻腾。他在剑桥学到的关于自然哲学和数学的知识，像他早餐享用的啤酒和面包里的酵母一样在发酵。白天，他在花园里走动观察，看着苹果树开花、结果，果实成熟后落到地上；雨天，他会问彩虹为何出现；夜晚，他仰望夜空，像他儿时一样看着天空的繁星。

制作一个防瘟疫口罩

在牛顿生活的年代及整个中世纪时期，医生都是穿戴着涂蜡的长袍和口罩上门看病。他们在口罩的"长喙"里装满了草药，期望这样能防止自己感染瘟疫。在基督教大斋节前举行狂欢节的城市里，这些口罩的各种版本非常流行。

你可以动手制作一个防瘟疫口罩。再添一件长袍、一件运动衫和一顶帽子，这将是一套漂亮的服装。

你需要准备：
· 剪刀
· 铅笔
· 海报纸
· 尺子
· 胶带
· 面具（如果面具很薄的话，可以将两个叠成一个）
· 白纸
· 彩色马克笔
· 带帽子的运动衫
· 成人的旧长外套，比如雨衣
· 软帽子

放大下页的纸板模子的尺寸，画出全尺寸的面具顶部和底部的模型。网格中的每个正方形边长为2.5厘米。（提示：喙的底部长27.5厘米，普通的打印纸可以容纳。）

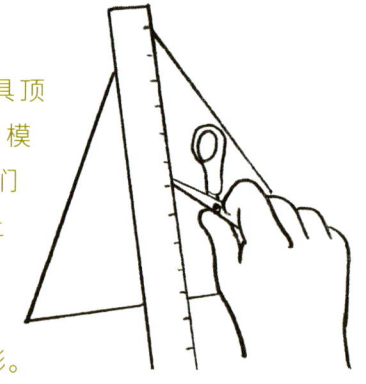

剪下面具顶部和底部的模型，并用它们在海报纸上画出两个三角形。剪下这两个三角形。

制作喙的顶部时，用尺子和剪刀边缘从大三角形的顶角垂直向下画一条线，直到三角形底边。沿着这条线对折三角形，对折后大三角形的两条斜边与小三角形的两条斜边吻合。

将大三角形的一条边与小三角形的一条长边粘起来，胶带向上放在桌上；然后沿着大三角形的另一边再粘一条胶带，让胶带的一半露出来。将喙折起，用手指抹平胶带。粘的时候，胶带要从喙的里面粘。

现在要做最麻烦的一步了。将喙在面具上慢慢滑动，找到最佳位置，使你的眼睛能透过面具的眼睛孔看清楚前方。而喙底部的两个角与面具之间有一定的距离。如果注意观察，你会发现沿着面具的曲线剪切喙的底部，就可以解决这个问题。一次只剪一点儿，

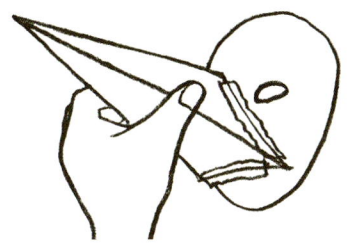

不断调整，直到喙与面具之间的缝隙足够小。

用短胶条把喙粘到面具上，仔细些，保证胶带粘得平滑，剪掉多余的胶带。

随意装饰你的面具，用马克笔添加些细节。在描述防瘟疫面具的图画中，可以看到喙上画有眼睛和鼻子，在面具的眼睛处还画了"眼镜"。发挥你的想象力吧。

为了展示最佳效果，先穿带帽子的运动衫，再穿旧外套，然后戴上面具，最后戴上软帽子。现在，你就是治疗瘟疫的医生了，出发吧。

嘴的上部

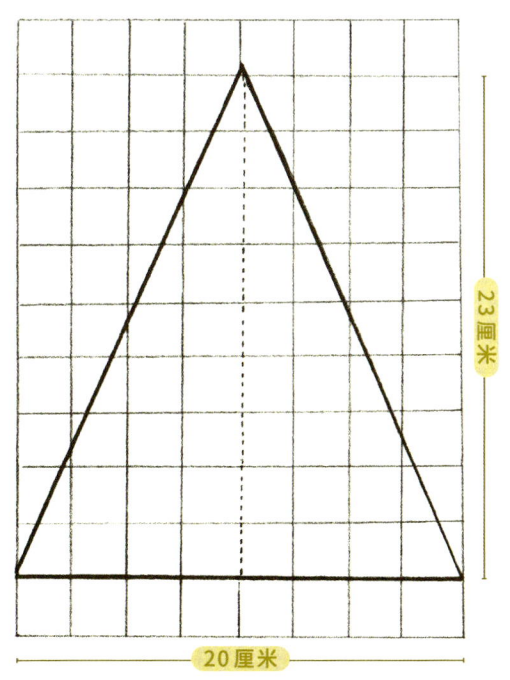

23厘米
20厘米

嘴的下部

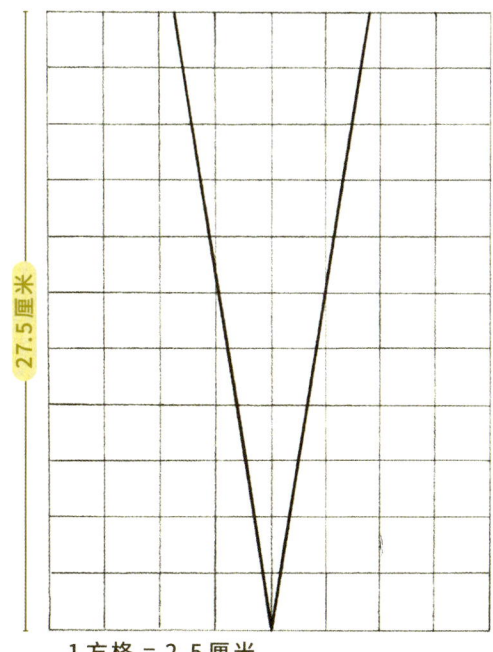

27.5厘米
1方格 = 2.5厘米

提出问题 | 053

治疗瘟疫的医生出诊时穿着涂蜡的长袍、戴着装满草药的长喙口罩，想以此来祛除疾病

艾萨克·牛顿开始揪着运动的概念不放。待在伍尔斯索普家里的这段时间，他更深入地思考了这些问题。回到剑桥后，牛顿才意识到数学可以帮他找到这些问题的答案。

牛顿写文章讨论曲线、讨论如何用数学知识求解曲线下方的面积。这些数学技能帮他解决了有关运动物体的问题。他把他的新数学形式称为"流数术"，也就是后来的"微积分"。

在远离瘟疫期间，牛顿没有创造出奇迹，但那段时间确实是他的"沉思岁月"。牛顿思考着，并不断提问。

然后，他开始着手回答这些问题。

宁静的时光让牛顿思考所学过的知识。他刚进剑桥时只有18岁，现在22岁，是有成熟思想的成年人了。没什么可以阻止他问更多关于宇宙的问题。牛顿像一个了不起的画家、一位卓越的作曲家一样，内心被创造的欲望驱使着。他既不画画，也不作曲，而是提问。这些问题来自他的窗外，并延伸到宇宙的最远处。

> 物体为什么总往下落？
> 月球为什么不会掉到地球上？
> 加农炮炮弹落地之前，它的飞行速度是多少？
> 为什么彗星飞过地球是有周期的？
> 为什么行星会按轨道运行？

在伍尔斯索普，一道彩虹悬在牛顿家的房子上

5

光芒照耀艾萨克·牛顿

1667年春天，艾萨克·牛顿回到剑桥。1666年的大火几乎将伦敦夷为平地。在英国境内，瘟疫似乎也被大火烧走了。

牛顿继续着他古怪的行事作风。除了与他住在一起的约翰·威金斯之外，他没有真正的朋友。在伍尔斯索普独处的几年里，他在思想上取得了难以置信的进展，但他不分享一丝一毫。他从不告诉别人自己对微积分的研究。没有人知道他的思想漫游得有多远，也没有人知道他正在揭示行星如何在天空中来回运行的规律。

1669年年初，巴罗教授把数学家约翰·柯林斯（此人当时为英国和欧洲大陆的数学研究者互通信息）从伦敦寄来的一本书给牛顿看。这本书的作者是德国数学家尼古拉斯·墨卡托。墨卡托在书中阐述了许多开创性的思想，其中讨论的主题是对数。对数是数学家利用指数的逆运算来简化数学计算的一种方法。

阅读墨卡托的著作足以把牛顿从私密的研究中拽出来。他的书几乎把牛顿在伍尔斯索普研究的微积分讨论了一大半，这暗示着剩下的那部分不久就会公布于世。牛顿没法再沉默了，他抽出自己的笔记本，急忙撰写自己的论文，并命名为《分析学》。

牛顿的傲气战胜了他的沉默。他需要向世界展示他的见解远远超越了墨卡托。他愿意与巴罗分享他的论文。然而，一如往常，牛顿不允许巴罗把《分析学》寄给柯林斯。巴罗肯定是向牛顿保证柯林斯看完论文后就立即寄回来，才迫使牛顿改变主意的。牛顿最后屈服了，因为巴罗同意了牛顿的要求：牛顿的名字不能出现在手稿上。

柯林斯是一位普通而热情的数学研究者。他立即发现牛顿的论文光彩夺目。显然，他的积极评价解除了牛顿的担忧。最后，牛顿同意在论文上署名。

柯林斯信守承诺，把牛顿的论文寄还给了巴罗，但谨慎的他手抄了一份。他还向英国内外的数学家写信，告诉他们牛顿的研究成果。不管牛顿愿意与否，他的名字开始传到剑桥大学和三一学院之外了。

牛顿教授讲授光学

1669年，巴罗教授辞去三一学院的教授职位，被授职为英国国教的一位牧师。他提名在前一年获得硕士学位的牛顿接替他的位置。

牛顿被授予卢卡斯数学教授席位后，终于可以放下烦人的助教工作，不用面对一群烦人的学生了。教授的任务就是每周写一篇讲稿和做一次讲座，期末时整理讲稿交到剑桥大学图书馆。不出所料，牛顿那熠熠生辉的思想，恰好越过了剑桥的学生和大部分老师的头脑。他的讲座上，没有人坐着记笔记。通常，路过报告厅的师生会看到牛顿一个人站在那里，身穿红色长袍，对着空教室讲课。正如一位路人所说："牛顿教授在对着墙壁做讲座。"

艾萨克·牛顿酷爱研究的课题很多，他本可以讲授其中任何一个，如数学或运动定律。在17世纪末期，任何一位自然哲学家研究这两个课题都是正常的。没有人明白，为什么这位年轻的教授决定在第一次讲座上讲授光学。不过，这个主题确实吸引着所有领域的自然哲学家。

早在公元前300年，古希腊人就理解了光的一个基本原理。希腊数学家欧几里得总结出光的传播遵从一个简单的规律：

入射角（入射光）＝反射角（反射光）

例如，光束以一定的角度照到镜子上，从相反的方向看时，镜子以同样的角度反射光。（你将橡皮球朝墙扔去，也会发生同样的现象。）

而牛顿理解了光学的另一个规律。1621年，恰好在牛顿出生前，荷兰人维勒布罗德·斯内尔发现"光的折射定律"。不过，首次发表折射定律的人是法国哲

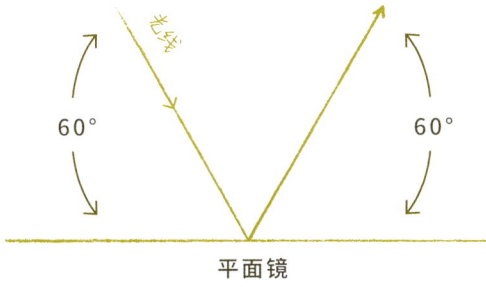

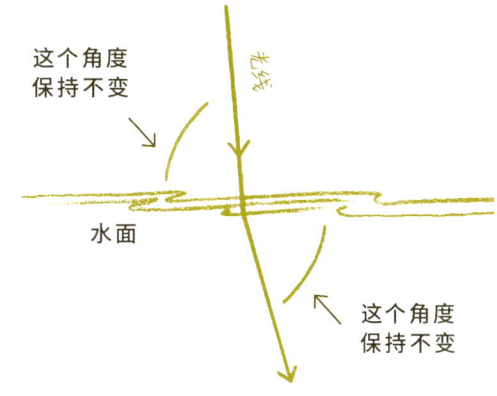

学家勒内·笛卡儿。斯内尔和笛卡儿都观察到，光穿过两种介质时发生偏折。这个现象称为"折射"。

你将一根棍子插入水中，也能观察到光的折射现象。棍子看着像弯曲了，因为水折射了光。笛卡儿认为，发生折射的光束遵从以下的定律：

1. 光所穿过的介质的组成和密度不同，光的折射程度也不同；
2. 入射角与折射角之间存在一个固定的比值（关系）。

艾萨克·牛顿赞同笛卡儿有关折射的论述。然而，在涉及白色光如何分成不同颜色的光的理论时，牛顿与笛卡儿产生了分歧。

笛卡儿相信，光在通过某一材料时（他将材料称为"介质"），是材料本身将光分成不同的颜色。他写道，白光是纯粹的、不可变的形式。然而，笛卡儿从未用实验验证过他的想法是否正确。

正在分析一束光线的牛顿

他的研究只是基于他对光和光现象的认识,并没有用科学的方法检验自己的想法。

瘟疫肆虐期间,牛顿在伍尔斯索普做了光的实验。在一个大型乡村集市上,牛顿不经意间发现了一套棱镜——可以分光的固体三棱玻璃。他买了棱镜回家做实验。为了证明他的理论,他把棱镜放在一间暗屋里。牛顿调整窗子的遮板,只让细细的一束光穿过棱镜,最后照落在6米之外的墙上。

随后,牛顿检查墙上的细斑,发现墙上出现了矩形的七色彩虹,就是我们所称的七色谱系:红、橙、黄、绿、蓝、靛、紫。牛顿坚信,白光是由不同颜色的光混合而成的。他写道:"白光是由不同折射率的光混合而成的。"换句话说,白色光束穿过棱镜时会被分成七色谱系。

为了证明这一点,牛顿进一步研究。他保持第一个棱镜不动,在几厘米之外放置另一个棱镜。然后在两张纸板上扎出两个孔,放置在两个棱镜之间。牛顿调整第一个棱镜,保证棱镜只折射出一束单色光,单色光穿过纸板的孔,然后穿过第二个棱镜。

如果笛卡儿的理论是对的,那么,第二个棱镜将改变那一束单色光。但是并没有出现这一现象。第一个棱镜折射得到的红光,穿过第二个棱镜后依然是红色。如果单色光换成光谱另一端的蓝色,得到的结果也一样。

牛顿现在确定,白光是由人眼可见的各色光混合而成的。(20世纪,物理学家们研究发现,光波还有一整个电磁光谱是人眼无法看到的,如微波、X射线、红外线及电波。)

此外,牛顿观察到,每一束单色光折射的角度总是一样的。蓝色光折射的角度最大,而红色光折射的角度最小。

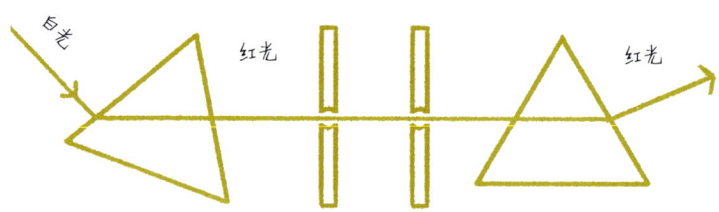

制作棱镜

牛顿年轻时很幸运能在乡村集市上买到棱镜,使得他可以用太阳光做实验。或许你家里也有棱镜,如果没有,你可以按照这个简易而有趣的方法自己制作一块棱镜。在阳光明媚的天气,这个实验的效果最好。

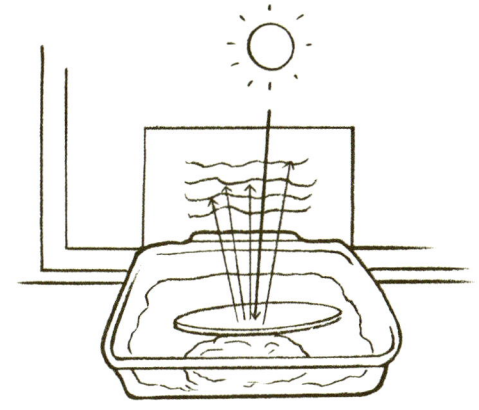

你需要准备:
- 装着水的平底锅或盘子(玻璃容器效果最好)
- 硬白纸或硬纸板
- 平面镜
- 一块黏土(或其他能支撑镜子的物体)

将装满水的浅容器放在阳光下,最好挨着窗子。在容器与窗子之间立放一张白纸或一块纸板。

把平面镜背靠容器斜放在水里,调整平面镜的倾斜角度,使得在白纸上能看到一条"彩虹"。然后用黏土固定平面镜。

发生了什么?你所看到的彩虹是组成白光的七色光谱。在牛顿尚未发表《光学》之前,绝大部分科学家认为是棱镜将白光变成了不同颜色的光谱。

然而,牛顿认为白光是七色光的组合,而且七色光的排列顺序总是一样的:红、橙、黄、绿、蓝、靛(深蓝色丁尼布牛仔裤的颜色)、紫。为了帮你记住这个顺序,科学家将七种颜色的首字母组成了一个人的名字:

R	O	Y	G.	B	I	V
E	R	E	R	L	N	I
D	A	L	E	U	D	O
红	N	L	E	E	I	L
	G	O	N	蓝	G	E
	E	W	绿		O	T
	橙	黄			靛	紫

阳光射入水中时被平面镜反射,而楔子形的水就如同一块三棱镜,将太阳光折射成你在纸上看到的七色光谱。

如果你在水中加入红色、黄色或蓝色的食物色素,会产生什么现象?试一试吧。

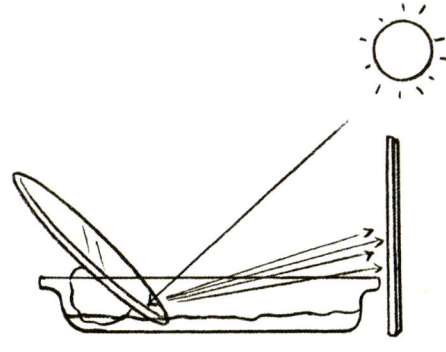

这一发现在牛顿用数学方法计算光的折射时显得非常重要。他发现，白光穿过棱镜被分成光谱时，每一个颜色的光不仅运动的方向不一样，运动的速度也不一样。

多年之后，他把这一发现称为自己的"关键发现"。牛顿经过假设、观察、测量，最后将结果记录在纸上，整个过程建立在弗朗西斯·培根的科学方法之上。多年来，牛顿观察彩虹、修磨棱镜，最终让他产生了一个新想法：白光不是纯净光。牛顿坚信自己的想法是对的，因此他不是将这一想法作为假设提出，而是将其作为理论提出。因为他知道，他的想法是正确的。

望远镜上的新视野

牛顿又做了其他实验来验证自己的想法。他把一块透镜叠放在另一块透镜之上，或者把曲面透镜放在平面玻璃上，同时观察并记录透镜是如何折射光的。牛顿也在解决一个叫作"色差"的问题，这个问题曾困扰了组装望远镜的伽利略。

伽利略在望远镜中运用了折射的概念。他用一块透镜捕捉远处物体发出的光，用另一块透镜将光折射到目镜上。而看到的图像周围常常有光纹，给观看图像带来了麻烦。

牛顿重新设计了望远镜才解决了色差问题。他利用了苏格兰天文学家詹姆斯·格雷戈里提出但未发展的一个概念，列出了组装反射望远镜的计划。他选择一个小的凹面镜来捕捉光，并将光反射到平面镜上，平面镜又将光反射到目镜上。

牛顿在孩童时制作水轮和纸灯笼时学到的一切此时派上了用场；他不仅是天赋异禀的科学家，还是技艺精湛的手艺人。牛顿靠着双手，用山毛榉与铜片制成了望远镜。在望远镜里，他放置了一小块直径为5厘米的金属镜子。

金属镜子也是牛顿的手工作品。他选择金属材料是因为金属比玻璃更好操作——牛顿必须保证镜子的曲面度符合他的精度要求。牛顿在自己家里的火炉上熔化铜、锡及有剧毒的砷制成合金，之后将合金液体倒进模子，最后磨成镜子。

牛顿在写给皇家学会的一封信中，以第三人称描述了这个过程：

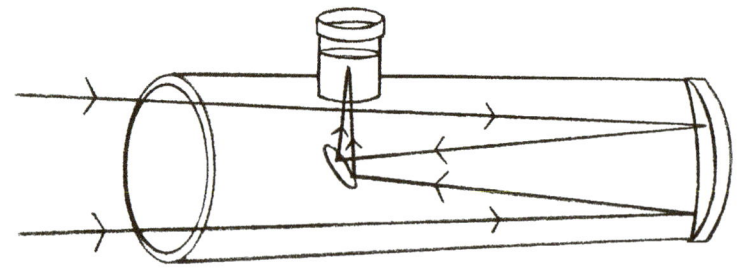

反射望远镜通过凹面镜捕捉物像，将物像投射到第二反射镜，第二反射镜又将物像反射到目镜

他使用的方法如下：他先单独熔化铜，然后倒进砷继续熔化，并将二者搅拌。同时要谨慎，不能挨着这有毒的烟雾呼吸。然后加入锡，锡一旦熔化（锡很快会熔化）就开始搅拌使二者融合，并马上把混合物倒出来。

牛顿绕开了色差问题，而更具突破意义的是望远镜的尺寸——望远镜用一只手就能拿下，但能将物体放大近40倍。牛顿写道："昨天我拿它与六英尺（约1.8米）长的望远镜比较了，发现它不仅能放大更多倍，还更加清晰。"

牛顿允许自己的发明进入公众眼球，这小小的望远镜立即吸引了一些重要人物的关注。天文学家写信过来询问牛顿的发明。不久之后，皇家学会听到了风声，在其要求之下，巴罗教授在1671年年底一只手扛着牛顿的发明去了伦敦。

牛顿的反射望远镜引起了轰动，连查理国王都用牛顿的小发明观测夜空。很快，牛顿就被选为皇家学会的院士。由于没有为牛顿申请专利，皇家学会用这样的方式，保证了这位年轻学者的研究得到应得的回报。

皇家学会的秘书亨利·奥登博格写信提醒牛顿，一些寡廉鲜耻的发明者可能会声称这望远镜是他们的发明。奥登博格把这件仪器的描述文件寄给牛顿，以便他"补充或修改"，完善皇家学会的报告。只有那样，学会才放心把这份报告分享给其他科学家，尤其是当时最有影响力的天文学家——荷兰的克里斯蒂安·惠更斯。

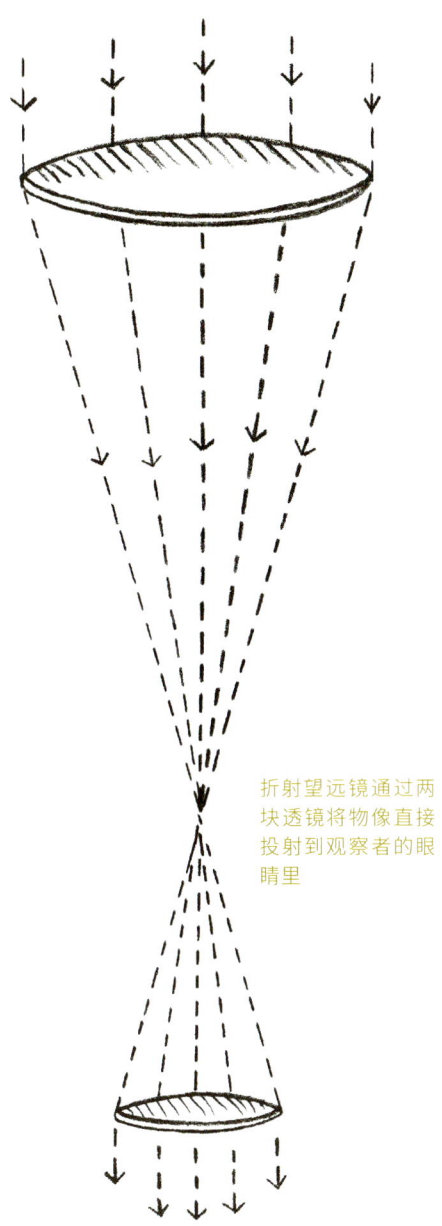

折射望远镜通过两块透镜将物像直接投射到观察者的眼睛里

牛顿因自己的发明而备受皇家学会的恭维。由于皇家学会对他进入内部圈子持欢迎态度，牛顿似乎有了不同寻常的安全感，超然态度也随之消失。像洪水穿过土墙，牛顿写了一封又一封信，

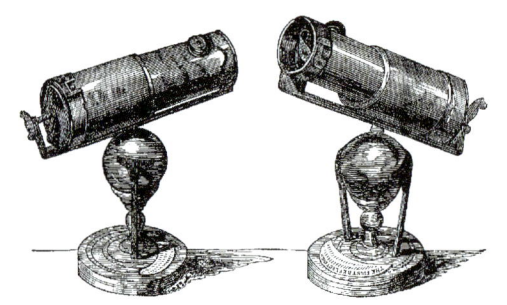

牛顿的反射望远镜

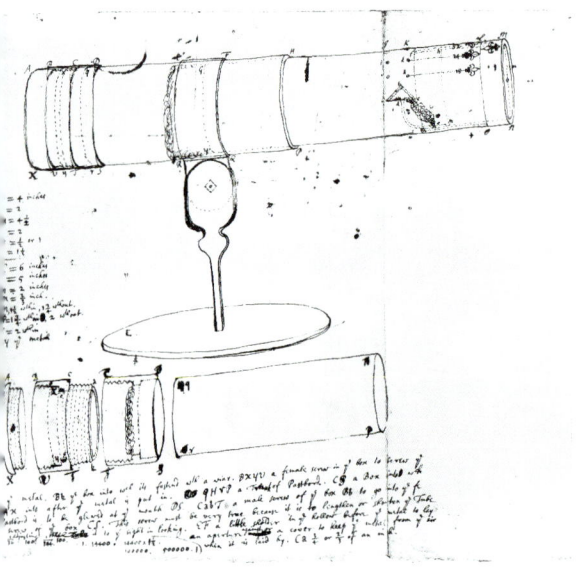

艾萨克·牛顿画的反射望远镜草图
(©Library of congress Lc-usz62-110449)

解释他的望远镜的工作原理和方式。

甚至,牛顿还承诺皇家学会,要写一封信"解释诱使他制作那台望远镜背后的哲学发现"。他承诺与皇家学会分享有关色调的理论。确实,那台小望远镜对他来说不算什么。对于牛顿来说,更重要的是望远镜所象征的:他解决了色差问题。那些烦人的光纹不见了,这才是牛顿看重的发现。可以肯定的是,皇家学会的自然哲学家急切地赞同了牛顿对光的本质的论述。

可牛顿大错特错了。

一场关于光的争论

1672年2月6日,牛顿给皇家学会寄去第一封"论光与颜色"的信函。第二天早上,皇家学会在会上大声宣读了这篇文章,学会的秘书亨利·奥登博格回信给牛顿,告诉他文章获得的积极评价。备受奉承的牛顿立即同意论文可以印出来。2月19日,牛顿"论光与颜色"的信函发表在学会的刊物《哲学会报》上。

随后,麻烦就开始了。在牛顿看来显而易见的事,在其他人甚至出席皇家学会会议的杰出的自然哲学家看来却并非如此。

在科学刚刚起步的时期,就已经有了沿用至今的"提问—回答"模式。一些人提出一个想法,另一些人提问或是提出他们自己的想法。这些想法或得到改善,或是被淘汰,进步随之产生,新的学问得到发展。

显然,冷漠、笨拙的牛顿不能接受这一问一答的激烈辩论。英国皇家天文学家约翰·弗兰斯蒂德批评了牛顿的论文。惠更斯从荷兰先是写了一封信称赞牛顿的研究,接着又说经过自己的观察,发现牛顿的结论也许不正确。法国的一位学者型基督教牧师伊格纳茨·加斯顿·帕

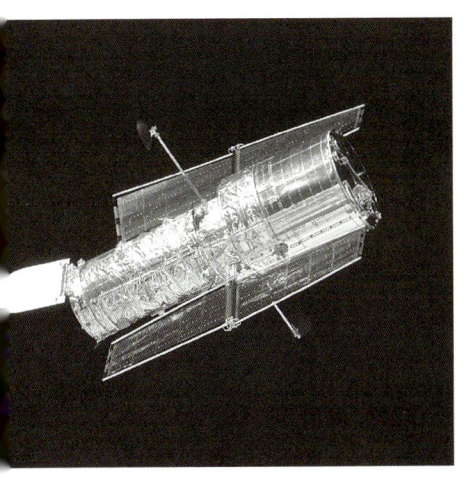

哈勃望远镜使用一块巨大的凹透镜捕捉从外太空照射来的光（细节见右图）(©NASA)

尔迪耶向牛顿提出了一系列尖锐的问题，但这些问题只是显示出这位法国科学家并不懂牛顿在讨论什么。

牛顿似乎对弗兰斯蒂德和帕尔迪耶的发难不屑一顾，但他对罗伯特·胡克却心生厌倦。胡克比牛顿年长7岁，是皇家学会的老成员，名望很高，还是皇家学会备受认可的领导。胡克的著作《显微制图》奠定了他在皇家学会光学专家的地位。

胡克关于光本质的想法与牛顿的相反，他写信给皇家学会，指出了牛顿思考中的错误。胡克阅读牛顿的"信函"后是这样理解的：牛顿相信光以微小脉冲的形式传播，他称这些脉冲为"微粒"，即一种在空间穿流的微小粒子。但胡克认为光不是以粒子的形式传播，而是以波的形式传播。胡克写信给皇家学会指出牛顿的光理论是错的。这又是一个未经证实的断言。

但胡克完全没有理解牛顿信函中的思想，牛顿因而更加沮丧。他的论文是关于白光的本质，而不是讨论光是否以粒子的形式传播。在牛顿看来，他讨论的光理论就是那样，是他通过实验证实的理论。胡克怎敢质疑这个理论？

牛顿很愤怒。几年里他写了许多怒气满满的信件。秘书奥登博格负责在皇家学会接收牛顿的信件，将其公之于世，因而被夹在牛顿的愤怒之中。他时常提醒牛顿要缓和对胡克的恶意评论，牛顿有时做到了，其他时候则任性地鄙视胡克，完全成了公报私仇。

有好几个月，牛顿写信给奥登博格，表达了自己想辞去皇家学会院士的想法。奥登博格费了好大劲儿才让牛顿平静下来。奥登博格的恭维生效了，牛顿答应继续留在皇家学会。

1675年，牛顿前往伦敦，在那里他再一次与权贵交往。也许是为了给他们

光芒照耀艾萨克·牛顿 | 063

罗伯特·胡克

历史学家对待罗伯特·胡克（1635—1703年）比牛顿对待他更有善意。作为皇家学会的成员，胡克在自然哲学的各方面取得了斐然的成就，包括数学、化学、建筑学、生物学及天文学。

1660年，胡克宣布了他的"弹性定律"。弹性定律是这样说的："任何弹簧的应力与应变呈线性关系。"这一科学定律适用范围极广，从人们使用的橡皮筋等简单工具，到大型喷气式飞机的机身设计，都适用。

胡克使用早期的显微镜研究自然的秘密，他画出了观察的结果，并将这些图发表在《显微制图》一书中，其中所呈现的奇妙图解从雪花晶体到普通的跳蚤——他首次将跳蚤图印在书中。胡克也因使用"细胞"一词而广为人知。

胡克是皇家学会理想的实验策展人。伦敦毁于大火之后，他与建筑学家克里斯托弗·雷恩重建了伦敦城，并为这座城市规划了新的街道。胡克也参与设计建筑，他在雷恩设计其杰作圣保罗大教堂时，很可能给出了其一些建议。

罗伯特·胡克的显微镜
(©Library of congress Lc-usz62-110443)

1678年，胡克写了讨论"平方反比定律"的论文。这一定律适用于引力、光、电及磁等方面。胡克给出了他思考行星运动的想法，8年之后牛顿才在《原理》中讨论了行星运动。然而，牛顿以他惊人的数学能力在《原理》中解释清楚了行星运动，使得胡克的论文黯然失色。在随后的25年里，胡克一直抱怨说，以他的科学成就，牛顿应该尊重他。但牛顿拒绝给予他任何肯定和称赞。

1703年胡克去世后，牛顿接替他担任皇家学会主席。有谣言称，牛顿把胡克的肖像毁了。但胡克对科学的贡献不可磨灭。像胡克这样敢于质疑他人想法的人，能够激励人们努力将工作做得更好。

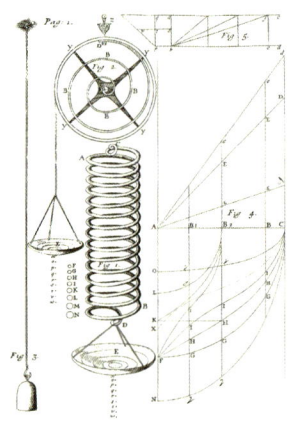
胡克画了一根弹簧来演示他的"弹性定律"
(©Library of congress Lc-usz62-110461)

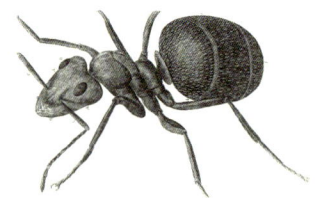
胡克所画的蚂蚁
(©Library of congress Lc-usz62-110451)

牛顿环

罗伯特·胡克发现了一个光学现象，但这个现象却以他的宿敌牛顿的名字命名。胡克用显微镜观察薄云母片时，看到了一圈圈的同心环。云母是一种矿物，由有空气层相隔的薄层物质组成。云母片传播光线的效果很好，曾被用作灯罩上的"玻璃"。

牛顿从胡克那里知道了这些同心环，他在玻璃片上压上一块透镜，以此来研究这些环。他还在肥皂泡和水面浮油中观察到了它们。当光穿过一个曲面与一个平面之间的空气层时，就会出现黑白相间的圆环，这是因为光波从空气层的两边反射后又相互干涉。有时候，牛顿环是彩色的，像一条彩虹。

胡克可能发现了这些环，但只有牛顿有数学能力解释这个现象。胡克的许多成果都是这样的：他提出了想法，但荣誉却归给了另一位更著名的自然哲学家。

你也可以观察到牛顿环（或胡克环，如果你愿意这么叫）。

你需要准备：
- 阳光明媚的实验地点（也可以使用手电筒）
- 凹透镜
- 清晰的平面玻璃
- 杂记本

将凹透镜放在平面玻璃上，透镜的凹面朝上。"捕捉"太阳光束（或将手电筒的光射过透镜，使得大部分光束照在透镜之外）。你观察透镜的边缘，会看到一系列一条叠一条的线。你正在观察的就是牛顿环，确切地说，是牛顿环的一部分。在杂记本上画出这些环。

根据做实验的地点不同，你所观察到的出现在透镜上的映像也各有特点。这些映像不是牛顿环，但观察它们也很有趣。

这个古老的仪器展示了牛顿环，你可以在放大的图片中看到这些环
(©Robert Timlin, Allegheny College)

出现过。秘书奥登博格建议两人私下写信讨论，看得出，奥登博格在这场论战中是偏向牛顿的。私下里，胡克与牛顿彼此更生厌恶。不过，他们貌似都在煞费苦心地写信给对方，以图解决他们之间的分歧。他们在信中用华丽的辞藻赞美对方的才华，还道出了分享思想的益处。牛顿甚至承认他从胡克的著作中受益匪浅："如果我看得比别人更远些，那是因为我站在巨人的肩膀上。"

牛顿也许是在赞美胡克，也许不是。或许，牛顿认为他的研究是建立在其他科学家（巨人们）更早的努力之上。

很有可能，牛顿是在取笑胡克。艾萨克·牛顿知道罗伯特·胡克的个头儿不是一般的矮。

留下好印象，牛顿回到剑桥后又写了两封信函给皇家学会。一封叫"论观察"，30年后收录在他的经典著作《光学》之中；另一封信函题为《解释光属性的假说》。牛顿解释说，在这篇论文中，他力图去"补充我提交给你的论文，以及补充之前提交的、更易理解的论文。从夹层和划痕你可能看出这信函是在匆忙中写成的"。

牛顿也许是在匆忙中写出的这篇论文，但论文讨论的不仅仅是光的本质。实际上，这是他第一次将自己对宇宙本质的思考公之于世。《解释光属性的假说》确实讨论了他对光的思考，但牛顿还把讨论的主题扩展到化学及他称为"以太"的、保持行星围绕太阳运行的神秘物质流上。

罗伯特·胡克又抱怨了，这次他控告牛顿的很多想法已经在《显微制图》中

数学问题

正当牛顿在为自己的光学研究辩护而消耗精力时，他听到了有关德国数学家戈特弗里德·威廉·莱布尼茨的消息。莱布尼茨的才华几乎与牛顿一样熠熠生辉，在20岁时，他就发表了一篇论文，奠定了今天的计算机运行的逻辑基础。正如牛顿一样，莱布尼茨也是天赋异禀，研究自然科学、哲学、语言及神学；正如牛顿一样，莱布尼茨也独立发明了微积分（尽管晚了将近10年）；正如牛顿一样，莱布尼茨也被邀请至皇家学会展示一个新奇的发明——一台自动计算机器。

莱布尼茨想直接与他的数学"孪生"哥哥写信，但牛顿却拒绝与莱布尼茨直接通信。相反，牛顿只想通过伦敦的约翰·柯林斯与他通信。柯林斯去世后，两人间的联系也随之中断。牛顿更喜欢把自己隔离在剑桥，没想到莱布尼茨也像他一样独立发明了微积分。莱布尼茨把他的新的数学分支称为"微积分"（牛顿曾起名为"流数术"），这一名称沿用至今。

学者们知道，莱布尼茨在1676年游伦敦时，柯林斯曾给他看过牛顿的数学手稿。莱布尼茨对他不理解的地方做了笔记。重要的是，莱布尼茨的笔记不是关于牛顿对流数的讨论，历史学家因此认为莱布尼茨理解了牛顿对流数的讨论，而他自己也已经独立发明了微积分。这个"孰先孰后之争"——谁才是第一个发明微积分的人——多年来一直纠缠着两人。

牛顿拒绝分享他的知识，多年后"孰先孰后"在欧洲争得沸沸扬扬，他又开始变得冷漠。当初要是牛顿直接与莱布尼茨通信，两人可能已找到了进一步解决分歧的办法。

但别的事情，让牛顿有了彻夜难眠的神秘举动，这件事正一天天吞噬着他的身体和心灵。

戈特弗里德·威廉·莱布尼茨（1646—1716年）

天文学家可以利用微积分精确计算出太阳系任何一颗行星的位置（©NASA）

把光照射到"平方反比定律"上

你在阅读本书时，会多次遇到"平方反比定律"这个概念。艾萨克·牛顿用平方反比定律描述两个物体之间的引力。两个物体之间的距离增大，它们之间的引力就会减小。当一个物体与另一个物体之间的距离增加一倍时，它们之间的吸引力就会变成原来的四分之一。

牛顿也知道，平方反比定律影响着光的强度与距离之间的关系。恒星的距离扩大一倍，其亮度会减小四分之一，而不是一半。

在这个活动中，你将观察到光照距离不同所产生的差异。

你需要准备：

· 遮蔽胶带
· 无灯罩的台灯
· 卷尺
· 暗室
· 书本

1. 利用卷尺和遮蔽胶带标记出不同的距离：离台灯0.6米、1.2米、2.4米、4.8米（如果有足够空间的话）。

2. 让屋子变暗，打开书，站在离台灯0.6米处。你可以清楚地看书吗？后退到1.2米的标记线处（从0.6米处移动到1.2米处，你离台灯的距离变成了原来的两倍）会发生什么？光照是不是变弱了？你还能看清楚书中的字吗？

3. 现在，继续后退到2.4米处。（同样地，你离台灯的距离是先前的两倍，但光照强度是原来的四分之一）现在光亮如何？变亮了还是变暗了？你能看清楚书中的字吗？

4. 如果你还能看清，再后退到离台灯4.8米处。（同样，你与光源的距离变成先前的两倍）你还能看清书中的字吗？

开启你的思考状态，想象光代表的是引力。你离墙越远，光就越弱，你看书就越吃力。对于引力而言，结果也是一样的。两个物体之间距离越大，它们之间的引力就越小。艾萨克·牛顿有一个准确的公式描述这种关系：

$$F = \frac{1}{d^2}$$

这就是平方反比定律。

微积分

很多职业的人会使用微积分来观察事物经历的变化。比如，货运主管研究火车滑动的距离，而NASA的工程师预测机器人降落到火星的精确时间。在每一个案例中，研究者都会利用数学计算检验他们的假设，计算出他们的结论。

戈特弗里德·莱布尼茨使用"微积分"一词来命名数学的这一分支。"微积分"（calculus）和"计算"（calculate）两个词都来自拉丁文词根"石灰石"（calx）——用于记录比赛比分的小石头。

然而，牛顿使用的"流数"也描述了我们用以研究物体变化的这一数学分支。"流动"（flux）一词指的是河水和溪水的流动，源自拉丁语"流动"（fluere）和"在流动"（fluus）。你是否听到过成人说某事物处于"流动中"？意思是事物处于运动中，而非处于其最终的状态。

实际上，莱布尼茨的微积分和牛顿的流数是一回事。两人有共同的兴趣，他们思考了极限问题。一个物体能变多大、能伸多长？他们思考了无穷大数和无穷小数的概念。他们研究曲线，包括曲线如何弯曲，怎样计算曲线下方的面积。

进入18世纪后，更多的自然哲学家开始在实验中使用微积分。今天，学生在高中和大学都学习微积分，以便研究物理、商业甚至历史等各学科知识。

有研究者认为，印度"喀拉拉邦学院"的学者在牛顿和莱布尼茨出生前25年就已经发明了基础微积分。虽然牛顿的大部分手稿显示他手抄了其他人的著作以便学习，但没有证据显示他手抄了微积分方面的著作。

6

隐秘的岁月

牛顿在三一学院的花园,可由楼梯从花园上到二楼的房间

到了1673年,牛顿在剑桥大学已经有了足够的影响力,因此获得单独的办公空间。从他在三一学院的房间延伸出一道木质楼梯,直达外面的花园。有时候,牛顿在花园里工作,在砂砾小路上演算数学或绘图。他还在那里指导负责照顾植物的园丁工作。

但在这座花园里,还发生着很多的事情。在一堵高高的砖墙之内,牛顿建了一个私人实验室。在实验室里,他自己用砖和灰浆架起了一套火炉,用来加热或熔化实验材料。

除了约翰·威金斯及负责打扫实验室的人,再没有人进过牛顿的私密实验室。牛顿周围围绕着玻璃管形瓶、坩埚(熔化金属的容器)、漏斗和烧杯。就连他做实验产生的垃圾都要秘密存放,然后倒到挨着三一教堂的花园的一个角落。

牛顿保守秘密是出了名的,但他隐秘在实验室搞研究是有原因的。艾萨克·牛顿实践的是被禁止的冶金术。

冶金术自古就有。古巴比伦人、古埃及人、东印度人、中国人及阿拉伯人都曾经实践过冶金术,以图实现共同的目标:将铅和铁这样的普通金属转化成金和银这样的贵重金属。在欧洲,冶金术士也做同样的实验,企图成为财富与权力的主人。

这样的探索都不能让外人知道。至少,有的冶金术士被说成是在操纵黑魔法和巫术,给其他冶金术士带来了不好的声誉。

教会将冶金术视为一种罪行,严厉惩治实践冶金术的人。国王和女王也都不喜欢冶金术,除非有冶金术士是为了他们的陛下而寻找一种制造金银的方法。因此,冶金术被包裹在私密之中,正好适合牛顿那喜欢保密的个性。

这幅中世纪的木版画展示了冶金术士用的火炉

冶金术士还有别的、更神秘的目的。他们力图探索一种有魔力的产物——一种被称为"哲人石"的液体。他们想象哲人石是"唯一物质",就是宇宙存在的星火。他们相信,这一生命之液能治愈病人。发现了哲人石,就能打开永生的神秘之门。一名冶金术士一旦拥有哲人石,就掌握了连通上帝思想的钥匙。

艾萨克·牛顿的冶金术呈现出了独特的形式。他用自己独创的方法去寻找古老的秘密。因此,牛顿将科学方法换了花样后运用到冶金术方面。与其他冶金术士不同,牛顿确实是用金属、酸和碱来设计实验的。

牛顿在做实验时,约翰·威金斯负责给火炉加煤。借着火炉的高温,牛顿可以在土质的坩埚中熔化铅和其他金属。然后威金斯帮助牛顿抬起这些盛有高温液体金属的重容器。令人惊奇的是,威金斯似乎从未意识到他的室友在做什么。

牛顿继续混合这些金属液体,观察它们如何变成合金或金属混合物。有时,他的实验结果会得到金与银的合金。在威金斯的协助下,牛顿着手探索金属的性质,他将这些金属与硫酸或硝酸等其他化学物质混合,观察会出现什么现象。

牛顿惊奇地发现,金属锑从矿石中提炼后与铁混合,会得到一种像恒星一样的矿物质
(© The chymistry of isaac newton, indiana university)

艾萨克·牛顿使用过的冶金术符号

冶金术术语	符号	冶金术术语	符号	冶金术术语	符号
锑	♁	下弦月	☾	铜盐	♀
锑矿石	♃	铅矿石	♄	锑酸铜	
硝酸	♑	火星(铁)	♂	天蝎座	♏
宝瓶座	♒	油	♋	硫黄	♎
白羊座	♈	盎司符号	ʒ	金(太阳)	☉
铋	♆	双鱼座	♓	锡(木星)	♃
(天王星,三叉戟)		配方	℞	锡矿石	♃
巨蟹座	♋	盐	⊖	醋酸	
狮子座	♌	锑盐		白沙漏	♉
铁矿石	♂				

牛顿对他的研究如痴如醉。他常常工作到深夜，困了就和衣而睡，醒来了就立刻接着工作。他离开房间去散步，然后又回到楼上在笔记本里写下自己的思考。他忘记吃饭，或是想吃时晚饭已是又冷又黏，胡乱吃了权当第二天的早餐。

显然，比起吃饭，牛顿的心思更专注于他的化学研究。金属"煮好"后，他会吸一吸金属蒸汽，化学混合物冷却后，他有时甚至还会尝一尝。要知道，他使用的很多金属，特别是汞和锑，都是有剧毒的。牛顿没有毒死自己或是弄坏自己的脑子，真是幸运。

早期的冶金术士用希腊神话和罗马神话的神名来命名金属。牛顿采用了这些冶金术士使用的符号。这些昵称既反映了金属的性质，也反映了它们的同名神。例如，牛顿用符号☿来表示金属汞。汞由于在常温下呈液体、形状像一颗颗珠子而被称为水银。汞（mercury）的叫法来源于神话人物墨丘利（Mercury），他身负双翼，能极速飞行。强大的沙特恩（Saturn）象征铅密而重的性质，而可爱的维纳斯的芳名象征了铜的柔软与美丽。牛顿还使用了其他的暗语词。在冶金术士的王国中，金与银统治一切。金

冶金术士选择希腊神话中的朱庇特象征金属锡的性质。你晃动一张薄锡片时，锡片会发出轰轰声，像雷声一样，而雷声则是朱庇特的一个象征 © Library of congress Lc-usz62-123889

是"太阳",银是"月亮";金是"国王",银是"女王"。

牛顿细读了他所能找到的冶金术方面的手稿,手抄后放在实验室以便使用。冶金术士相信,古代的神话就像一张路标图,其神奇之道能指引人找到制造金银的配方。这些手稿要么是煞费苦心而写的长诗,要么是以金属和化学物质的符号作为角色的神话故事。

冶金术士认为,神话里有了不起的男神与女神,金属也应该有阴性性质和阳性性质,这两种性质结合起来可以创造新事物。我们只需要解密古代的文本,就可以发掘出以常见物制造贵重金属的秘方。牛顿在学校研习经典时读过很多神话故事。他在细读冶金术方面的手稿、寻找线索解读故事的意思时,脑海中常常回忆起这些故事。然后把这些文字转换成实际操作,并在三一学院的花园围墙内做起了实验。

当然,牛顿绝不只是一个普通的冶金术士。牛顿有自己的优势:他有很强的数学能力,还对用金属和化学物质做实验充满了热情。牛顿渐渐明白,即使是在冶金术里也会发生化学反应。

正如研究感兴趣的其他学科一样,牛顿准备了一个笔记本,记录他在冶金术上的研究。牛顿在剑桥大学三一学院居住和工作了30多年,这期间,他做了400多次冶金实验。牛顿的研究结果记录在一本名为《化学指标》的指南里,指南列出了他能找到的所有关于冶金术的文献。这本书有879条标题,5000页参考书目,参考了100位其他作者的著作。很明显,牛顿对这个学科里里外外研究了个透。

冶金术让人想到巫师、毒蛇及锅里沸腾着的奇异药水。但牛顿可不是要忙活这些,他也不是为了"变铅为金"才研究冶金术的。更可能的是,牛顿在探索更高的精神本质的秘密,他在寻找哲人石。

牛顿企图通过冶金术来找到"唯一物质",它是将宇宙一切捆绑成一个易于解释的"包裹"的普世真理。艾萨克·牛顿坚信,朴素统领一切。

化　学

在1675年,尽管牛顿愿意带着他的光理论走进公众的视野,但他还是要确保他的冶金术不能为他人所知。两个世纪之后,当学者们查看牛顿那一捆捆的、将近100万字的书稿时,才发现牛顿极秘密的研究。艾萨克·牛顿是一位冶金术士,而且他完美地隐藏了这一事实。

17世纪末期,在牛顿研究冶金术时,它正发展成为另一门新的学科:化学。另一位自然哲学家罗伯特·波义耳被誉为现代化学之父,他既做化学实验又做冶金实验,他和牛顿所发现的实验技巧往往涵盖了这两个领域。波义耳几乎比牛顿年长一个辈分,1675年牛顿在皇家学会见到波义耳时,他已经年迈了。牛顿了解到,

翻译冶金术士的一首诗

在艾萨克·牛顿阅读的冶金术方面的诸多手稿中，有巴塞尔·瓦伦丁的一首诗。人们猜想，这位去世多时的冶金术士原本是个僧侣，他用昵称发表了这首诗。瓦伦丁留下了很多冶金术方面的手稿，牛顿手抄了一部分自己保存下来，其中包括从《微观世界的秘密》中摘来的这首诗。

牛顿可能读了这首诗的德文版或拉丁文版，然后自己把它译成了英文——早期现代英语。巴塞尔·瓦伦丁在诗中说了什么？（将书倒转过来读，可以看到现代英语和中文的参考译文。）这首诗中暗示了牛顿及诸多冶金术士所追求的秘密目标。

这里有一些暗示可以帮你：如果有一本词源学的词典，翻译起来会更有趣。瓦伦丁诗中的关键词已经用下划线标出。不熟悉的单词在后面的括号里有解释。金、银、汞、铜、铁、锡、铅和锑是牛顿在实验室检验过的金属。"绿色"用来描述象征生命和成长的事物，也可以描述铜（在地下发现的铜呈绿色）。

The Philosopher [alchemist] speaketh thus.
Bright glorious king of all this world, o Sun,
Whose progeny's [children's] upholder is the Moon,
Both whom Priest Mercury does firmly bind [marry],
Unles Dame Venus favour you do find,
Who for her spous [spouse] Heroic Mars hath ta'ne [taken].
Without her aid what ere you do's in vain [is of no use].

Jove's [Jupiter's] grace neglect not. Saturn old & grey,
In various hews [hues, colors] will them himself display
From black to white from white again to red
Mounting on stilts he'el walk till he be dead.
And streight [straight] returning into life again
Henceforth in quiet rest he shall remain

Lady in greens cry oh my son most dear
Come Antimony & assist me here.
Come noble salt; come guard me & defend
That worms of me make not a wofull [woeful, sad] end.

参考译文：

冶金术士这样说道：
光辉灿烂的国王——太阳啊，
你和月亮一起，
吞食银娘娘的孩子。
回其神，假如维纳斯加入，
没有她，你的英雄战神又有什么结果。
别忘了朱庇特佛玉恩赐，
我们年老苍白的朋友。
黑色、白色、红色轮回之后，我们可以看到整个转化过程。
当他升起后便不再死去，
然后长生不老。

绿色夫人说：
我亲爱的儿子啊，
锑啊，来吧，帮帮我。
哦，来，哲学之石，
这样我就可以长生不老。

The alchemist has this to say:
Gold and silver are bound together with mercury
With a good result.
In the same way, copper seeks to join with iron.
Without copper, your experiments will have poor results.
Do not forget about experimenting with tin.
Lead will appear in all sorts of colors
From black to white to red. Lead will take all kinds of forms, as well.
Life cries out against death.
Antimony must help her.
Oh come, Philosopher's Stone,
So that I may live forever.

这幅图只是一个人想象中的上帝形象
(© Library of congress Lc-usz62-50185)

波义耳作为一位冶金术士，也在着手研究化学，于是便与他通信交流。他们的信件反映了两人对学习的热情——他们想弄明白的不仅仅是冶金术的过程，还有这些过程发生的原因。

很多人不会将冶金术视为一门学科，但毫无疑问的是，波义耳和牛顿在这门学科上取得了很有价值的发现。他们所研究的秘密为后世的化学家（如18世纪的约瑟夫·普利斯特里和罗伯特·法拉第）奠定了研究基础。

寻找上帝

17世纪70年代早期，牛顿打开了另一个笔记本开始研究。然而，这一次他的兴趣从自然哲学转移到了神学：研究上帝。艾萨克·牛顿是一个信仰虔诚的人，他坚信上帝是万物的创造者，相信上帝之手操控着一切，从行星在太空运行的方式到他在实验室观察到的最微小的化学反应，都被上帝操控着。

牛顿也面临内心的挣扎，他有很坚定的道德标准，时时担心自己灵魂的状态。他十八九岁时第一次来到三一学院，那时候，他在复活节来临前在笔记本里详细列出了自己的罪。其中的部分罪名显示牛顿时常与同母异父的弟弟和妹妹拌嘴，也和学校的男同学有口角之争；其他的罪名暗示出，尽管牛顿现在已经在大学工作了，但他对母亲当初嫁给巴纳巴斯·史密斯时将他扔在伍尔斯索普仍怀恨在心。

关于第13条罪名：牛顿10岁时，他的继父去世，母亲回到了伍尔斯索普。显然，长期以来他背负着这一罪名，承受着这段心酸的记忆。不过，牛顿在他母亲的余生里还是很孝顺的。在牛顿快到40岁而母亲病危的那几年，他留在伍尔斯索普服侍了好几个月，直到母亲去世。

到了1670年，牛顿面临了宗教信仰上的真正问题。那时他已是三一学院的重要人物，与三一学院的其他教授一样，到了1675年，他应该接受神职，被委任为英国国教的一名牧师。否则，他将不得不放弃卢卡斯数学教席的职位。

牛顿不接受英国国教一条主要的教义——英国国教及其他基督教团体都要承认"三位一体"。在成长中，牛顿在教堂中了解到，圣父耶稣·基督、圣子及圣

艾萨克·牛顿的罪名清单

1. 公开使用"上帝"一词；
2. 在教堂里吃苹果；
3. 在礼拜天制作鹅毛笔；
4. 否认自己制作了鹅毛笔；
5. 在礼拜天制作捕鼠器；
6. 在礼拜天企图敲钟（敲门铃）；
7. 在礼拜天喷水；
8. 在礼拜天晚上制作馅饼；
9. 礼拜天在浴盆里游泳；
10. 礼拜天在约翰·基斯的帽子里放了一根针，企图扎他；
11. 无意中听到了布道，犯了布道中训诫的错误；
12. 违抗母命；
13. 威胁我的母亲和继父，说要趁他们在家时烧掉他们的房子；
14. 希望死亡降临他人；
15. 打击很多人；
16. 有不清晰的思想、用词、行动和梦；
17. 从爱德华·斯托雷家偷了樱桃芯（一种点心）；
18. 否认自己偷了樱桃芯；
19. 知道石弓在哪里，却不告诉母亲和外祖母；
20. 以追求金钱为乐，不是以追随上帝为乐；
21. 再度堕落；
22. 再度堕落；
23. 违背了在圣餐上与上帝的约定；
24. 掐我的妹妹；
25. 抢我母亲盒子里的李子和糖；
26. 称德洛伊·罗斯是讨厌的女人；
27. 生病期间暴饮暴食；
28. 对母亲生气；
29. 对妹妹生气；
30. 与仆人争吵；
31. 逃避家务活；
32. 在礼拜天和其他时候闲聊；
33. 对上帝的感情不够亲近；
34. 不按照信仰生活；
35. 不因上帝而爱上帝；
36. 不因上帝对我们的恩惠而爱上帝；
（牛顿没有列出第37条罪行）
38. 没有遵从上帝的法令；
39. 没有渴望上帝；
40. 比起畏惧上帝更畏惧人类；
41. 用不合法的方式带我们走出压力；
42. 比起关心上帝更关心俗世之物；
43. 没有用虔诚的心渴求上帝赐福；
44. 错过了教堂的礼拜；
45. 打了亚瑟·斯托雷；
46. 因为一片黄油面包而生克拉克老师的气；
47. 企图用半个铜钱骗人；
48. 在礼拜天早上拧绳子；
49. 在礼拜天阅读基督教卫士的历史。

一个晶莹剔透的花园

· 食用色素
· 杂记本

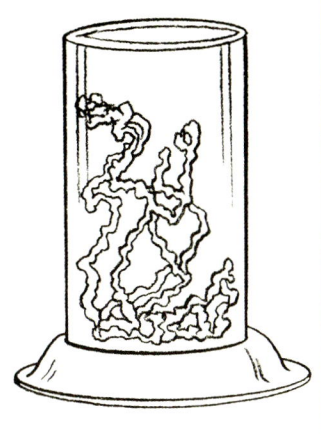

读一读牛顿冶金术方面的著作便知，牛顿信仰"生长"——金属确实会生长。实际上，经常有人这么说，像金、银、铁和铜这样的矿物会出现在矿脉里，而矿脉则藏在地底下手指状的沉积物中。在牛顿看来，地上的植物和树怎样生长，地下的矿物也应该怎样生长。

你可以用日常生活中的材料，让金属在厨房的小盘子里"生长"。你每天观察金属的变化时，会理解为何牛顿认为矿物质会生长。

【在成人的监护下做这个实验】

你需要准备：

· 搅拌钵
· 2汤勺食盐（不加碘）
· 4汤勺水
· 塑料勺子
· 2汤勺的家用氨水
· 洗衣的靛青漂白粉（可以在买洗衣用具的商店或五金店买到）
· 几块有孔的材料，如木炭、砖或石头
· 平板玻璃或陶瓷盘子

将盐倒入搅拌钵与水一起搅拌，使盐大部分溶解或全部溶解。在成人的帮助下，往搅拌钵加入氨水和漂白粉，然后搅拌。将得到的溶液小心地倒在盘子里的有孔材料上。彻底清洗搅拌钵。

把装满材料的盘子放置好，不要随意移动。如果你想给花园添加颜色，可以在搅拌溶液时加几滴食用色素。

第二天，检查一下，看看发生了什么？晶体生长了吗？每天检查，并在杂记本上画出每天的观察结果。一两个星期后，你的"花园"会覆盖整个盘子。注意! 花园易碎!

在盘子里生长的晶体其实是你第一次加入水中的盐。氨帮助水蒸发，使晶体盐变成小颗粒，挂在漂白粉上。多孔材料的孔将蓝色溶液往上吸，这个过程称为"毛细作用"。通过毛细作用可以不断地形成盐晶体。

实际上，你可以在盘子里加入更多水、盐、氨水、漂白粉的溶液，让你的花园生长好几个星期。

第3天

第6天

第10天

灵都是独立的存在，但却又是彼此不分离的。牧师在解释国教中最伟大的一条教义时会用"三合一，一为三"的说法。基督教教义认为，耶稣既是圣子又是上帝本身。基督教宣称，耶稣完全是一个凡人，但又完全是神圣的。

但是，随着年龄的增长，牛顿不再信奉"三位一体"了，他开始相信阿里乌的思想。阿里乌是公元4世纪居住在埃及的一名基督教徒。阿里乌教派相信，耶稣确实是神圣的，但他是一个与上帝完全分离的存在。像牛顿这样的阿里乌教派信徒就是异教徒，就是英国国教的背叛者。

牛顿的精神世界进行着一场斗争。在内心深处，他知道自己不能参加接受牧师职位的授职仪式，他不可能手抚《圣经》起誓自己信奉"三位一体"的教义。但他不能暴露自己有关耶稣本质的真实信仰。暴露了这个信仰，就意味着自己将被英国国教驱逐——被踢出国教、踢出剑桥大学。他也会名誉扫地，在大学里永远谋不到一个职位。一声不响地，牛顿开始暗示他可能会不得不离开三一学院。

牛顿研读《圣经》，寻找论据支持他自己的信仰。他在笔记本上写下了12条能解释他观点的论述，但没有给任何人看过。他写道，《圣经》里没有提到"三位一体"。"三位一体"的说法是早期的基督教长老在公元310—320年的一次会议上提出的。牛顿解释说，在那次会议上，一方发扬"三位一体"的教义，另一方则支持阿里乌教派的信条，一场政治争端由此而起。结果，支持"三位一体"的那个团体掌握了基督教的大权。但在牛顿看来，三位一体的教义是错误的。

后来，牛顿还是想办法摆脱了他的困扰。1668年8月，牛顿前往伦敦，请求免除神职的任命，但要保留他在三一学院的卢卡斯数学教席。

牛顿只能向英国国教的最高领袖、国王查理二世本人提出申请。查理国王也许是被艾萨克·巴罗说服了，恩准了牛顿的请求。艾萨克·巴罗曾是牛顿的老教授，时任国教的牧师，并且担任国王陛下的顾问。很可能，牛顿没有告诉巴罗真实的理由，而是编造了一些巴罗能接受的借口。不管怎样，这件事还是解决了。从那一天起，凡是获得过卢

用三面合一呈现"三位一体"
(© Library of congress Lc-usz62-50185)

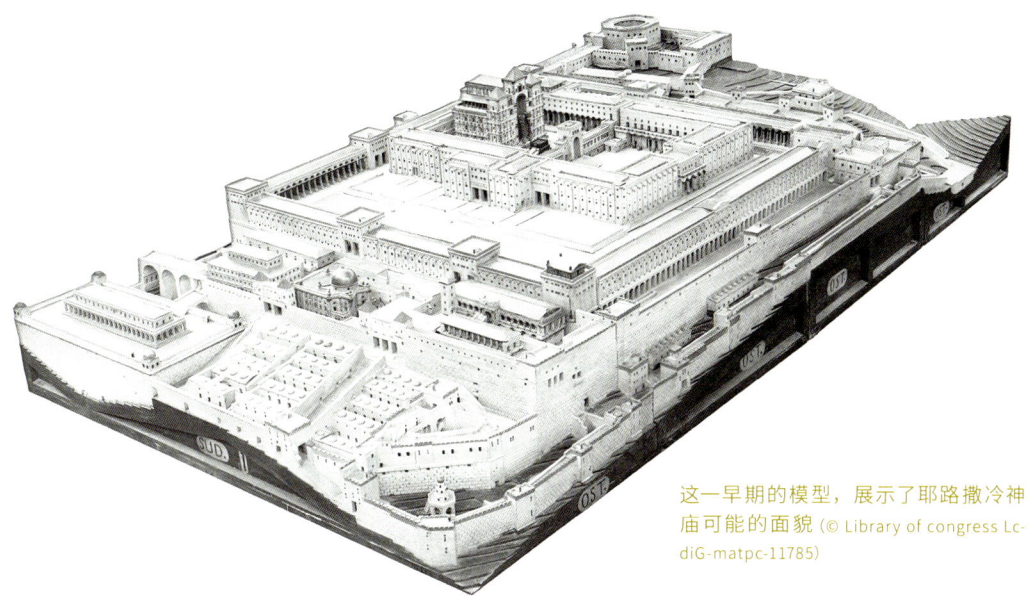

这一早期的模型，展示了耶路撒冷神庙可能的面貌（© Library of congress Lc-diG-matpc-11785）

卡斯数学教席的人都不用履行牧师的职责。

艾萨克·牛顿在追寻上帝的思想。他继续研读《圣经》以寻找标志和启示。他想了解未来。牛顿急切地阅读先知书——希伯来语的《但以理书》和《新约》中的《启示录》——以图寻找有关未来事件的启示。基督教义说过，随着人类的历史进程，到了世界末日，上帝就会返回尘世创建一个新王国。因此，牛顿查阅经文，寻找预测上帝归来之时的线索。

牛顿还查看了建于古耶路撒冷的所罗门神庙的平面图。所罗门神庙被犹太教徒视为圣殿，而牛顿敬仰的所罗门国王是一位古代圣贤。牛顿怀疑，所罗门设计这座神庙不仅是教徒的圣所，还是一个秘密的向导，指引尘世的男男女女通向未来。

亦开亦闭的头脑

几乎没人了解牛顿的头脑中或实验室里发生的事情。即便是与他生活在一起的人也不能完全理解他的研究深度。约翰·威金斯为牛顿抄写了上百份文件，但这些文件都没有涉及冶金术或神学。威金斯从未怀疑他的室友是一个异教徒。如果他知道牛顿是异教徒，那他肯定会很惊恐的。牛顿把他的工作和信仰都隐藏得很好。

关于牛顿，威金斯没有什么可说的。威金斯才离开剑桥，就好像忘记了他与牛顿做朋友时的生活细节。他没有留下记录剑桥岁月的文字。当儿子问起他与牛顿做室友的那些年的生活时，威金斯只记得，牛顿"专注于研究时会忘记吃

教堂、国王与言论自由

为什么牛顿和伽利略害怕说出他们的信仰？在他们生活的年代，反对政府或教会的人会遭到惩罚，甚至被判死刑。国王有控制公民身体的权力，教会有控制公民灵魂的权力。

不论受教育与否，人们对他们未知的事物都很惧怕。他们害怕会施咒语的巫师，也害怕会附身的魔鬼。他们相信是上帝用火宅、水灾和疾病来惩罚行为不轨之人。人死之后，上帝还可以施加更严重的酷刑：在地狱之火中接受永恒的惩罚。

很多有自由思想的人说出了反对政府的言论之后，就像普通的犯人一样被吊死。公然反抗教会教义的人，无论反对的是罗马天主教会、路德宗教会还是英国国教的教义，都会面临死刑的惩罚。教会的人控告他们迷惑众人、传播异教邪说，然后把他们钉在十字架上烧死，以此洗净他们的灵魂。在美洲殖民地也存在这样的信仰。1692年，在马萨诸塞州的塞勒姆有20名男女被指控迷惑众人，最后被吊死或是被石头砸死。

1640年，英国的清教政府逮捕了不按清教方式礼拜的异教分子

一本"证明巫师和精灵存在"的书于1684年在伦敦印刷出版，同年，牛顿开始撰写《原理》一书（© Glasgow university Library, special collections department）

几个世纪以来，社会有了发展，人们可以自由言说自己的政治信仰和宗教信仰。欧洲不再有国王或女王能握有绝对权力，去惩罚反对他们的人。教会的领导人不再囚禁或烧死质疑他们教义的人。随着自由、开放的社会的发展，宗教容忍和政治容忍的传统也得到发展。现在的人们相信，宗教信仰自由和政治言论自由是公民的基本权利。

饭",第二天早上他会因为一整夜的研究得到的重要发现而感到很开心。

威金斯离开剑桥后,牛顿需要一名新的助手。他选定了同样在格兰瑟姆学校念过书的汉弗莱·牛顿(不是他的亲戚)。汉弗莱·牛顿为艾萨克·牛顿工作了5年。与威金斯不同,汉弗莱留下的几封信讲到了雇主的怪异习惯。牛顿去世后,其他人采访了汉弗莱·牛顿,因为他们想为这位神秘的科学家写传记。这些记录清晰显示,在这深藏不露的几年里,艾萨克·牛顿是如何在实验室里专注于研究的:

> 他在两三点之前几乎不睡觉,有时候到五六点才睡,一天大约睡五六个小时,尤其是在春天和秋天。春秋两季,他会在实验室里待六个星期,实验室的烛火日夜不灭,他会工作一整夜。我做我的事,他做他的化学实验,他做化学实验时要求精确、严格、准确。他的目的是什么?我是没法理解的。但这段时间他所承受的痛苦、所表现出的勤奋都让我想:他要实现的应该是人类凭借艺术和勤劳所无法获得的东西。

很明显,汉弗莱·牛顿也不清楚艾萨克·牛顿是在研究冶金术。艾萨克·牛顿可以与别人并肩工作好几年而不暴露

46岁的艾萨克·牛顿

自己内心的想法。他会因为新发现而欣喜若狂,有时也会意志消沉。可没有人知道他的这两种情绪。汉弗莱·牛顿留意到,在他为牛顿服务的5年里,他只看到牛顿笑过一次。

牛顿没在搞什么巫术,但在他30岁时,见到过他的人可能认为他就是巫师。牛顿紧跟当时的潮流,留着一头银灰色的齐肩长发。牛顿的头脑对新思想是敞开的,对周围的人却是关闭的。

隐秘的岁月 | 083

7

科学史上最重要的著作

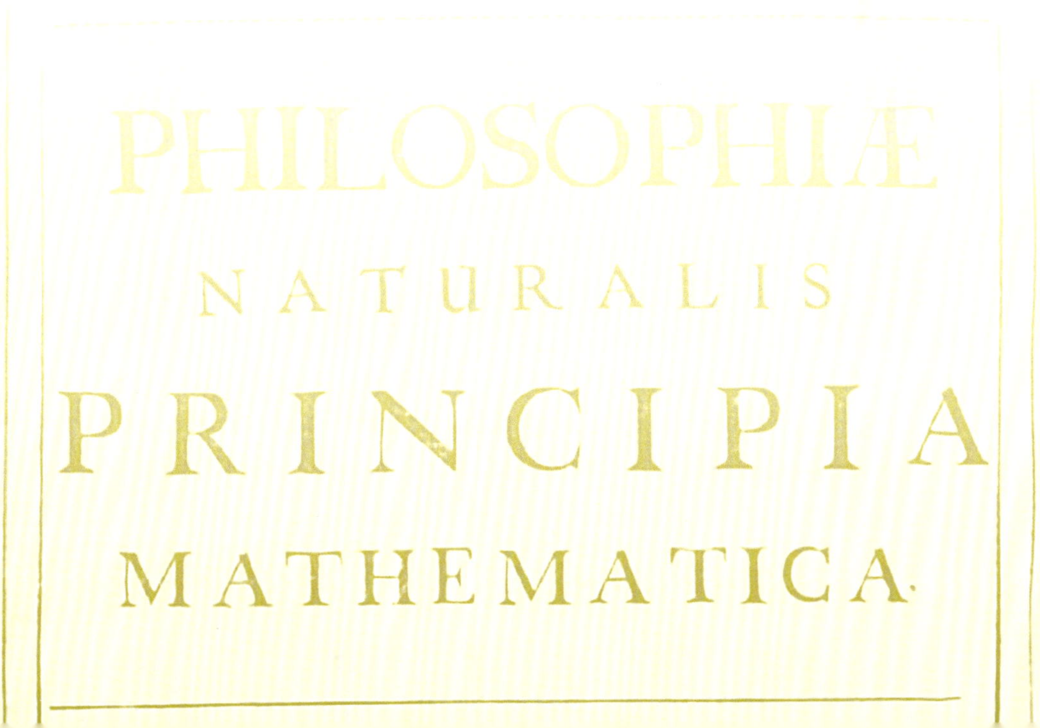

PHILOSOPHIÆ

NATURALIS

PRINCIPIA

MATHEMATICA.

1684年1月的一天，天气寒冷，罗伯特·胡克、克里斯托弗·雷恩和埃德蒙·哈雷坐在伦敦的一家咖啡屋里聊天。像胡克、雷恩以及哈雷这样的皇家学会的院士经常聚在一起分享趣闻、讨论时事。这一天，他们讨论的主题是自然哲学，更确切地说，是行星的性质和运动轨迹。行星为何围绕太阳转？是什么阻止它们失控飞向太空？

这三个人都相信，150年前开普勒提出的想法是正确的。他们一致认为，行星以椭圆的轨迹围绕太阳运行；他们也认为，存在一个反比例关系的定律，这一定律生成了连接太阳和行星的无形纽带。但胡克、雷恩和哈雷都遇到了同一个问题：他们没有办法验证自己的想法。他们不会数学计算。

话说雷恩开了盘，艾萨克·牛顿当然就能接盘。雷恩接着向胡克和哈雷许诺一本贵重的书作为赌注。谁能出马从艾萨克·牛顿那儿得到回复，谁就赢得那本珍贵的书。

罗伯特·胡克不打算与他的对手牛顿直接接触。不过，在几个月之后，哈雷出马了。1684年8月，哈雷不动声色地出现在剑桥，并询问牛顿：牛顿教授是否可以证明行星以椭圆轨迹围绕太阳运行？

令哈雷欣喜的是，牛顿回答"可以"。牛顿确定自己的答案是对的。他10年前就已经解决这个问题了，还把证明过程写在了纸上。但健忘的牛顿在寻找自己写过的证明时，显然留了一个心眼，他

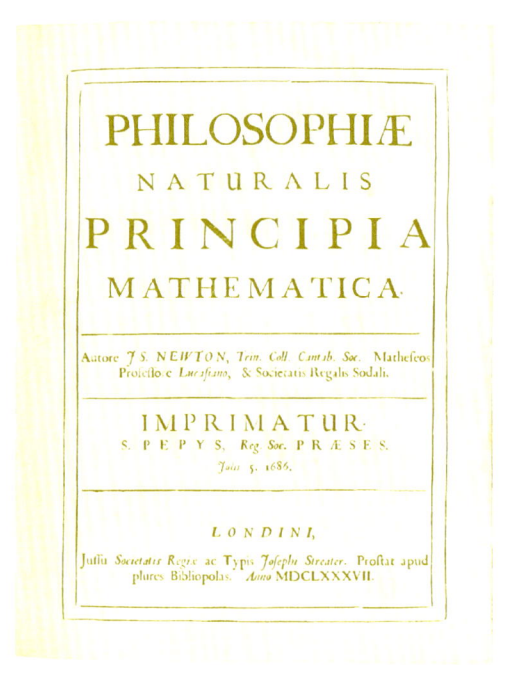

艾萨克·牛顿的杰作《自然哲学的数学原理》的标题页

告诉哈雷说自己忘记放在哪儿了。不过，在送哈雷返回伦敦时，牛顿承诺找到后就立刻把证明过程寄过去。

三个月后，不轻信他人的牛顿"找出"了他的手稿。1684年11月，一份9页论文《论旋转物体的运动》被寄到了哈雷手中。哈雷读到这篇用拉丁文写的论文时都惊呆了。牛顿的解释简直就是天才之作。哈雷知道，他不管用什么方法都必须哄诱牛顿写出他更多的想法。

那一年早些时候，哈雷访问剑桥时就对古怪的牛顿有了好感，而牛顿看起来也喜欢哈雷。但有好一段时间，哈雷不得不用甜言蜜语诱劝牛顿，牛顿才肯回复他的请求。最终，牛顿把只有几页的论文《论旋转物体的运动》扩展成了

18世纪咖啡馆里的场景
(©Library of congress Lc-usz62-47443)

史上最了不起的著作:《自然哲学的数学原理》(简称《原理》)。

牛顿一旦开始写,就停不下来了。他躲在剑桥的屋子里,用羽毛笔蘸墨水一页一页写起了《原理》。两年多的时间里,他没做其他事情。他写好一部分,就给哈雷寄过去,而哈雷在兴奋中期待着下一部分。

牛顿的作品能印刷出版,哈雷在其中扮演了重要的角色。皇家学会答应出版《原理》,但是不提供经费。皇家学会在出版《鱼类历史》时失利了,因此出版《原理》所需的经费就落到了哈雷的头上。哈雷在签单的那一刻其实冒着会欠债的风险。但这次他得到的结果是不错的。《原理》出版后,它获得的赞誉超过了以往所有的科学类书籍。

来自行星的原理

牛顿在《原理》中汇总了20年来他对各种事物性质的观察、研究和思考。

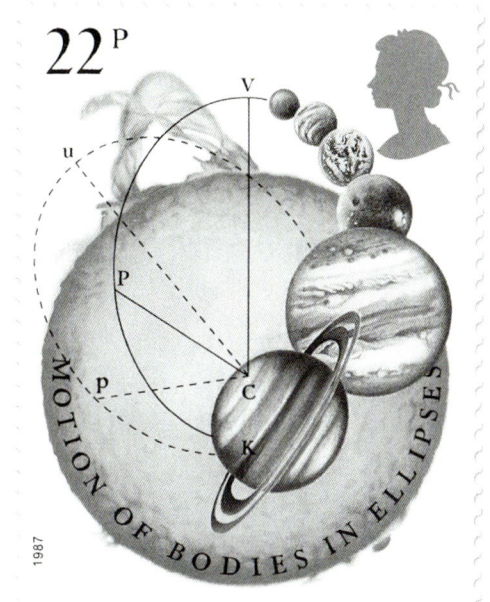

他用几百页的篇幅铺陈他的思想。《原理》以一系列的定义开篇,这些定义是他思考自然世界的基础。在今天的物理学研究中,这些定义依然适用:

物质:占据空间的事物。
质量:表征物质的数量或总数的量。
动量:运动的量,等于速度与质量的乘积。
惯性:保持物体运动状态不变的力量。物体如果静止,则保持静止;如果运动,则保持匀速直线运动。
力:施加于物体的作用。
向心力:朝向某物体中心的吸引力。

牛顿建立这些概念之后,便提出了运动三大定律:

科学史上最重要的著作 | 087

埃德蒙·哈雷与他的彗星

埃德蒙·哈雷（1656—1742年）是一位肥皂制造商的儿子，大学毕业后就离开了牛津，最后成为英国著名的天文学家。

像牛顿一样，哈雷对这个世界充满了好奇，在数学上也很有天赋。还是学生时，哈雷就到过约翰·弗兰斯蒂德在格林威治的天文台，拜访这位英国皇家天文学家。哈雷看着弗兰斯蒂德将星象分门别类，自己也迷上了天文学。

性格外向的哈雷将牛顿从隐士一般的生活中拉出来。哈雷哄诱牛顿、鼓励牛顿，甚至奉承牛顿，才让牛顿着手撰写《原理》。哈雷当时只是皇家学会的一名职员，还要养家糊口，但正是他掏空存款，资助牛顿出版了《原理》一书。

弗兰斯蒂德去世之后，牛顿力荐哈雷担任新任的皇家天文学家。而哈雷确实理解了牛顿的《原理》，还利用其中的数学工具计算彗星的运行规律。

直到16世纪初期，人们还认为彗星沿直线运动。但牛顿和哈雷感觉彗星的运行轨迹可能是双曲线或抛物线。1680年，哈雷阅读了古代的记录，他只用笔和纸就算出了过去几百年间出现的24颗彗星的相关数据。哈雷意识到，至少有3颗彗星的运行轨迹是长椭圆，而不是抛物线。哈雷可以确认，出现在1531年、1607年和1682年的3颗彗星其实就是同一颗。

哈雷预测，1682年出现的那颗彗星，在75年或76年之后还会出现。的确，1758年，在哈雷去世十几年之后，那颗彗星又出现了。"哈雷的彗星"（现在称为"哈雷彗星"）从那之后就定期出现。1835年、1910年及1986年哈雷彗星也都按时出现。下一次哈雷彗星掠过地球的时间是2061年。

雪茄盒上的埃德蒙·哈雷

1910年出现的哈雷彗星
(©Library of congress Lc-usz62-89893)

牛顿第一运动定律

在牛顿生活的时代,人们还相信物体运动是靠着它的"动力"。例如,你扔出一个球,球获得了动力,因此保持运动,直到动力消耗完,球才会落地。

但牛顿的视角不同,他在第一运动定律中这样陈述:

静止的物体倾向于保持静止,运动的物体倾向于保持运动。

牛顿的意思是,运动的物体将保持匀速直线运动,除非有外力改变它的运动速度或运动方向;而静止的物体将保持静止,除非有外力迫使它运动。物体抗拒运动状态改变的这种性质,我们称之为"惯性"。

你可以用你家房子周围的材料,做实验验证"惯性"的性质。

你需要准备:

- 硬纸板(如索引卡)
- 桌子
- 硬币(一角钱的和五角钱的)
- 弹珠

将索引卡放在桌子边缘,使得卡的边缘伸出桌边,将一角的硬币放在卡上。

迅速抽出卡片。如果你的动作正确,硬币将停留在桌上。不断重复这个实验,直到得到这种效果。

硬币为什么能停留在桌上呢?

硬币有惯性,你抽出硬币底下的卡片时,惯性将保持硬币停留在原来的位置。

换成五角的硬币做实验。哪一个硬币的惯性更大些?为什么?是什么使得物体的惯性更大?

请思考: 你是否看过魔术师从摆满了餐具的餐桌上抽出桌布?发生了什么?这是牛顿的哪一个定律产生的效果?

在一条长走廊上滚一颗弹珠,最终弹珠会停下来吗?为什么?

弹珠若是停止滚动了,要么是因为它撞到了另一个物体,要么是因为地面的摩擦力使它停止。现在,在一条铺了地毯的走廊上滚弹珠。它是不是很快就停止了?为什么?

请思考: 要怎样做,才能保持弹珠一直滚下去?

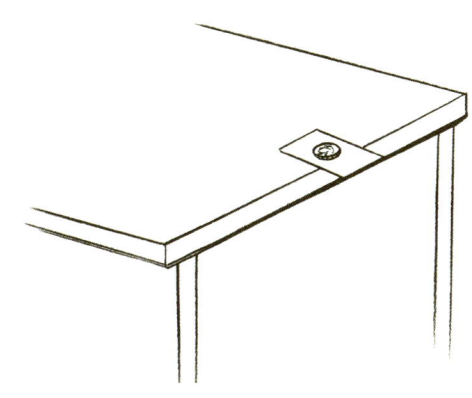

牛顿第二运动定律

牛顿第二运动定律是建立在第一运动定律基础之上的。如果你对物体施加一个力,物体会运动,影响因素有两个:

施加于物体的合力;
物体本身的质量。

力与质量的作用是有关系的。物体的质量越大,迫使物体运动所需的力就越大。物理学家用公式简化了这个规则:

力＝质量×加速度

现在,你可以做下面的实验。

你需要准备:
· 滑板
· 几个重物(如厚书本或砖头)

推滑板,观察它的滑动情况。你推滑板,就给了滑板一个合力;要保证只有你在推滑板。

现在,在滑板上堆上书或砖头。用同样大的力再推滑板。感觉如何?如果你觉得滑板上堆了砖头后质量变大,迫使物体运动的力也随之变大,那你就对了。

现在,改变你推滑板的力的大小——更用力推。你发现了什么?力与质量的关系是怎样的?

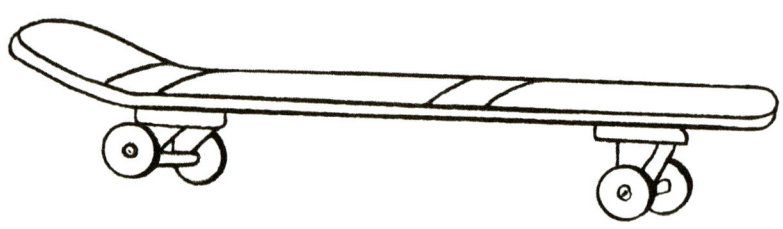

牛顿第三运动定律

在牛顿的三个运动定律中，第三运动定律最为人熟知：

对于每一个作用力，都存在一个大小相等、方向相反的反作用力。

想象一下，你吹起一个气球，然后放手。你肯定知道会发生什么：气球会在屋子里乱窜。但这个过程中的作用力和反作用力是什么呢？

注意，作用力和反作用力是同时存在的。

如果你的气球是装在另一个物体内部的，情况又会如何？试一试，制作一条小船，观察牛顿第三运动定律。

将牛奶盒竖着切开，做成一条5厘米深的小船。用胶带包好船头和船尾，使得船的边缘光滑。

用钉子在船尾扎出一个孔，作为你新发明的排气孔。

吹胀气球，把气球放在船里，气球口从排气孔穿出。用衣夹或回形针夹住气球口。

准备发动。把船放进水里，松开夹子。

会发生什么？你的船跑了多远？如何才能让船跑得更远或更快？作用力在哪儿？反作用力在哪儿？

如果将气球口从后向前地穿过船的排气孔，会发生什么？

你可能想用其他材料制作不同的小船。为什么船头的形状呈锥形时船跑得更快呢？

你需要准备：
- 大容量的牛奶盒
- 玻璃纸或遮蔽胶带
- 钉子
- 气球
- 衣夹、回形针或弹簧夹
- 浴缸或水池

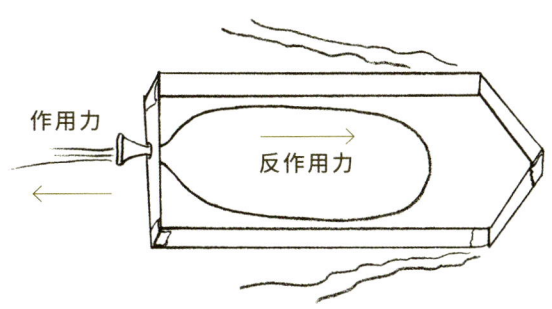

科学史上最重要的著作

1.**惯性定律**。运动物体不受外力作用时,将保持原运动状态;静止物体不受外力作用时,将保持静止状态。

2.**加速度定律**。物体动量变化率与它所受的合力成正比。

3.**作用力与反作用力定律**。对于每一个作用力,都存在一个大小相等、方向相反的反作用力。

牛顿的运动定律可谓是开天辟地,但这些定律也只是《原理》中最伟大的定律——万有引力定律的铺路石而已。牛顿仰望夜空领悟到,地球、月亮、行星及恒星的运行都遵循同一个规则。牛顿"找到了它"——引力。牛顿在《原理》中用数学证明了万有引力的作用原理。

哈雷及他在皇家学会的同事读到《原理》时,都惊呆了。在西方科学史上,第一次有人解释了万有引力,解释这一维系整个宇宙的神秘力量。2000年多以来,人们一直相信亚里士多德的说法:地球的运行有一套规则,而太阳、月球、行星及恒星的运行规则是另一套。牛顿在《原理》中否定了这一说法,他断言,只有一套规则管控着我们能看到的一切,很可能也管控着我们看不到的一切。牛顿的思考又一次显示,朴素统领一切。

《原理》标志着艾萨克·牛顿物理学原创思想的最高点。在随后的20年里,他不断修改、润色,把这一杰作编写成三卷。牛顿展示了引力定律和运动定律在远距离可产生明显的作用。他推测,这些定律还适用于人眼看不到的物体。

但在17世纪80年代,牛顿自己还没制造出足够精细的透镜来验证这一想法。

牛顿再也没有继续研究宇宙的运转方式。在《原理》出版之后,他的人生走向了不同的方向。

引力:世界的体系

今天的学生很熟悉牛顿的运动定律,也很容易理解这些定律。但在1687年,受教育的人还是认可中世纪的概念。他们相信行星和恒星是靠着自己的力量运行的。他们没有引力的概念;他们不理解"物体上升必定要下落";他们也不能领会,外太空的物体所遵循的规律怎么会

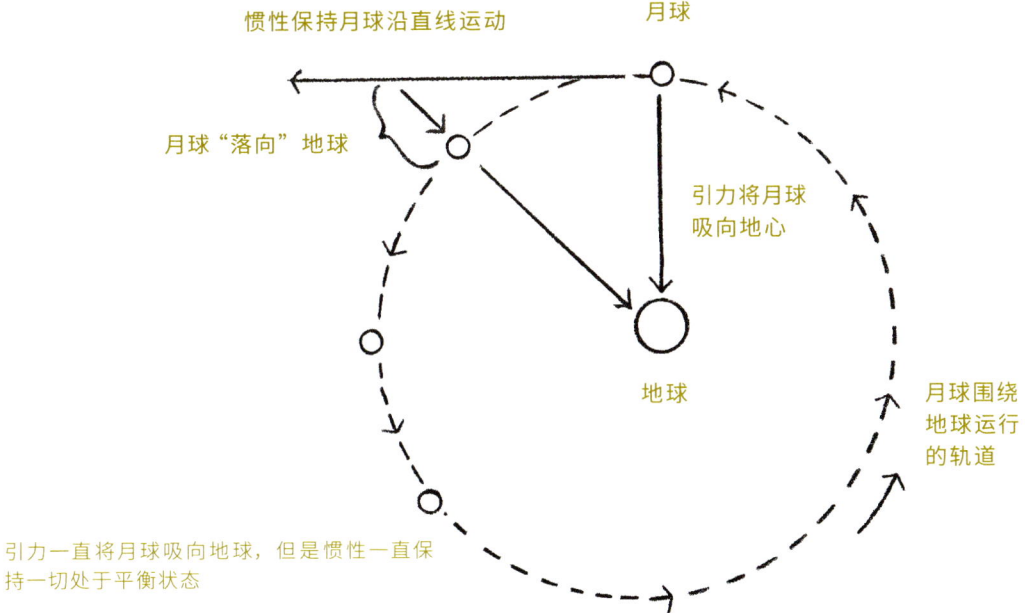

引力一直将月球吸向地球，但是惯性一直保持一切处于平衡状态

与使我们的脚根植于地球的规律相同。

今天的科学家称牛顿的观点为"机械宇宙论"。笛卡儿也曾提出宇宙像一台运行中的巨型机械的观点，但牛顿不赞同笛卡儿所认为的行星以涡流的形式运行。牛顿写道：是引力而不是涡流让所有的物体，无论大小远近，都像一台机械的各个零件一样完美地合作。

牛顿将宇宙比作一口巨型机械钟。钟表的工作方式可以被测量和计算。牛顿宣称引力使宇宙以同样的方式运转。引力在外太空的作用方式和在地球上的作用方式完全一样。牛顿发展了万有引力的理论。

牛顿以月球为例佐证他关于引力的断言。月球易于观察，它的轨迹每28天就可以跟踪一次。他按照下列方法用运动定律来描述月球轨迹：

月球总是朝着地球方向运动（引力定律）。

但是，

由于惯性，月球一直做直线运动（第一运动定律）。

因此，

月球会沿着围绕地球的轨迹运行。

正如研究光学一样，牛顿同样用实验验证他关于引力的想法。他在《原理》中用大篇幅解释了这些实验，但几乎没有人能看懂这本书。除了屈指可数的几个人，甚至连皇家学会中知识渊博之人都抓不到书中的要点。牛顿回到剑桥，有一次在街上散步时，听到一个学生对另一个学生说："看到那个人了吗？就是他写了一本自己和别人都看不懂的书。"

牛顿晚年时，用一个更简单的故事向晚宴上的客人讲述他是如何想出万有引力的。据牛顿回忆，他年轻时曾在伍尔斯索普的家里躲避瘟疫。

牛顿这样解释他的发现：他曾在户外看到一只苹果从树上落下。和往常一样，苹果往下落。牛顿感觉是同一股力量把苹果往地面扯、将月球朝地球拉。苹果离地球更近，因此地球拉苹果的力量比拉远处的月球的力量强得多。但不论是苹果还是月球，地球都对它们施力了。牛顿将这个力称作"引力"。

牛顿用下列方式检验他关于引力的思考。

1. 他知道苹果从树上落到地上的掉落距离为 16 英尺（约 5 米）。
2. 他知道从地球表面到地心有多远。
3. 他也知道月球离地心有多远——是苹果树到地心距离的 60 倍。

但适用于二者的只有一个定律。牛顿宣称那个定律是反比例定律：

$$F = \frac{1}{d^2} \text{（d 表示距离）}$$

因此，牛顿计算出地球牵引苹果的力的大小是地球牵引月球的 3600 倍。

也许牛顿编了这个关于引力的故事来取乐他的客人。但不管是不是故事，苹果落向地心的例子都让他的客人清楚了引力的作用原理。

在《原理》一书中，牛顿还将引力的概念用于解释彗星轨道等自然事件。万有引力的提出让天文学家弗兰斯蒂德和哈雷兴奋不已。哈雷用牛顿的数学方法预测出 1680 年掠过夜空的一颗巨型彗星的回归时间。牛顿还用数学计算解释了月球的引力如何拖曳地球，造成了海洋无处不在的潮涨潮落。

到了 18 世纪的启蒙时期，更精密的仪器出现了，自然哲学家因此在科学探究中取得巨大的进步。他们检验了牛顿的思想，并确认牛顿是对的。

20世纪初期，一位名叫阿尔伯特·爱因斯坦的普通专利员提出了他对宇宙性质的思考。爱因斯坦好奇，物体的运动速度接近光速时会发生什么？爱因斯坦还想知道，比原子和分子更小的粒子的运动状态是怎样的。不像牛顿时期的自然哲学家，20世纪后期的物理学家得益于精密的仪器，从而验证了爱因斯坦的想法。

爱因斯坦的理论和当初牛顿的思想一样震惊了世界。但即便是到了今天，也没有人能找到方法完全解释清楚引力。

对力的思考

你在学校肯定了解了各种各样的力——重力、摩擦力、磁力等，这些都是可观察的力。牛顿研究的事物在17世纪是可以用工具观察到的。有时候，牛顿在脑子里做"思想实验"。在接下来几页的内容中，你可以思考几种力，并做一些体力劳动和脑力劳动来帮助你理解各种力。

感受"力"

简单来说，力就是对物体持续的推或拉。把橡皮筋的一端套在一个固定的物体上，比如关着的门把手上，拉扯橡皮筋的另一端。感觉像只有你的右手在拉，但其实橡皮筋也在往回拉。力可以像在推，也可以像在拉。这样持续的推或拉告诉我们关于力的另一个事实：力总是成对产生的。如果守门员用胸挡住球，也可以说守门员的胸将球推走。

引　力

你是否看见过一个坐在高凳上的小孩儿把东西弄到地上？你也许会因一次又一次地捡东西而厌烦，但对于小孩子来说，掉落东西这个过程是很有趣的。无论小孩儿从托盘推掉的是什么，都会往下落。

你肯定会说那是因为引力将它们往那个方向拉。不过你须记住，这个过程中有两个力。例如，此时你是否手捧着这本书坐在桌旁？书会有往桌面掉落的趋势，但你的手向上托着书。你是否靠着椅背？如果椅背不向前推你，你就会往后倒。

你站在地面上时也会发生类似的过程。你的身体朝着你头顶的方向拉地球，地球在往回拉，尽管你对这些毫无知觉。为什么感受不到呢？假设你的体重为45千克，质量为45千克的你在拉着地球，整个地球也在拉着你，而且是同时、不间断的。换句话说，地球引力就是将你向下拉的力，但同时，你的身体也在轻轻地将地球拉向你。

球上的六分之一，也就是7千克力左右。

是的，月球也有引力。月球的质量约为地球的八十分之一，重力的大小是地球的六分之一；然而，不论在地球上还是在月球上，你的质量都相同。

摩擦力

物体移动时，会有许多东西阻碍物体的移动，我们称之为"摩擦"。固体、液体、气体——物质的三种形态——都会对在其中移动的物体产生摩擦。

在空气中挥手。你可以感觉到气体分子压迫你的手掌。两手互搓，手掌间的摩擦力使你的皮肤变热。击掌时也会产生摩擦力，因为你在两掌间撞击更多的气体分子。

空气、水、其他物体及地球本身都会产生摩擦力阻碍运动的物体。你还记得伽利略从比萨斜塔上抛下两铁球的故事吗？在头脑中做一个实验，想象你从屋顶同时抛下一个装满东西的书包和一张纸，如果你觉得书包先落地，那就对了。为什么？因为空气阻力拦住了纸，使得纸飘落而下。而你装着重物的书包可不会飘落而下。书包在短距离下落时，没有足够大的摩擦力阻碍它的运动，因而没有降低它落到地面的速度。

再假想你可以从1600米高的摩天大楼投下你的书包。书包在下落过程中速度逐渐增大，最终到达最大速度。这是因为空气向反方向推书包产生阻力，使

如何区别"质量"与"重量"

质量是一个物体中物质的总量。确切地说，质量是用来描述物体抗拒位移的物理量。某物体的质量越大，就越难在静止状态下移动它的位置。

是不是还不理解呢？回想上一节的内容，想象你是一个45千克重的孩子，在空手推地球。你将你的力推向质量约为 $6×10^{21}$ 吨的地球。45千克就是你的质量，对比地球的质量则是6 000 000 000 000 000 000 000吨。在数字读法上，这个数读成"60垓吨"。

这里有一个错误是学生常犯的。我们用千克来度量质量，因此你可能会认为质量和重量是一回事。但其实不是。"重量"描述的是拉扯你的引力。在地球上，你的重量是45千克，意味着地球引力朝着地心拉扯你的力是45千克力；而在月球上，尽管你的质量不变，但你的重量只是在地

得书包在继续下落的过程中速度不再增加。空气向反方向推书包，阻碍了书包的下落。

试一试另一个思想实验。假设你决定把你的书包发射到运行轨道上，需要什么？如果你认为需要一枚火箭或一台巨型加农炮，那就对了。你找来了世界上最大的加农炮，把你的书包装入炮膛。要使得你的书包发射到既定轨道，有什么要求？再从另一个角度来考虑这个问题：书包飞向太空时，会受到怎样的阻挡？

要使你的书包逃离地球的大气层，你的加农炮必须使它冲出地球引力的束缚。也就是说，你的加农炮必须以巨大的冲力将书包射向太空。（确切地说，你的书包至少得以约每秒11千米的速度飞行才能逃离地球的引力。）你的书包必须在强大的力的作用下极速飞行。如果速度过快，你的书包就会逃离地球飞入太空；如果速度不够快，你的书包就会掉落到地面。

如果你以恰当的速度发射书包，地球引力就会捕捉到它，将它送入运行轨

道。在一段时间内，你的书包会围绕地球飞行。不过，由于来自太阳的粒子流或轨道上其他物体的摩擦力，你的书包会渐渐减速，最终落回地球。

月球上的力，以及其他地方的力

现在，想象一下你站在月球上的一座高楼上，手里拿着你的书包和一张纸。月球上是真空的——完全没有空气。如果你从楼顶同时扔下书包和纸，两个物体会同时落到月球表面。因为月球上没有空气产生摩擦力，不能减小纸下落的速度。

是的，月球没有空气，但它却有引力。你能想出月球引力对地球上的物体如何产生作用吗？假如你回答"潮汐"，那就对了。月球围绕地球运行时，月球拉扯地球上的海洋，将海水牵离海平面。

科学史上最重要的著作 | 097

通常潮水一天两次涨退。月球绕着地球运行时,不仅拉扯海水,还拉扯地壳和地核,因此在地球的另一面,海水也会上升。

1968年12月22日,宇航员乘美国的阿波罗八号飞船绕行月球,从我们最近的"邻居"上拍摄了第一张"地球升起"的照片(©NASA)

8

寻找机会

17世纪后期的伦敦地图,图上有牛顿居住过的杰明大街,还有伦敦塔,这是他在皇家铸币厂的工作地

1685年2月6日,艾萨克·牛顿听到从剑桥大学教堂传来一声低沉的丧钟声。伦敦传来了严肃的消息:国王驾崩,没有留下王储继承王位。"快乐君主"查理二世与他的一长串女朋友留下了很多私生子女,但这位国王与妻子凯瑟琳王后并没有子嗣。

剑桥的教师们这回发愁了。查理的弟弟詹姆斯可能要继承王位,而詹姆斯是位热诚的天主教徒。剑桥大学完全是提供给英国国教成员学习生活的地方,所以大学的领导对罗马天主教徒深表怀疑,对这些忠诚于罗马教皇的天主教徒表示轻蔑。

詹姆斯加冕为国王詹姆斯二世。新国王即位后,立刻着手巩固天主教在英国的位置。不过,他的举动也不算新鲜;从亨利八世开始,不论是为了控制英国还是控制王权,英国国教与罗马天主教就开始了不断的斗争。在整个英国,詹姆斯和他的支持者委任天主教徒做政府和教堂的领导人。在大学里,詹姆斯也采取了同样的政策。1687年早些时候,他以行为不端的罪名控告了剑桥的一位领导,还企图委任他的一个追随者来接替对方的职位。

牛顿参与了随后发生的骚动。尽管牛顿私下里质疑英国国教三位一体的教

国王詹姆斯二世(1633—1701年)

光荣革命时期,奥兰格的威廉被迎接到英国

寻找机会 | 101

抛物线反射镜的力量

艾萨克·牛顿的反射望远镜以其独特的设计吸引了皇家学会所有人的眼球。牛顿的微型望远镜不是放大物体,而是利用凹面镜捕捉光,将其反射到平面镜上,平面镜又将物像反射到目镜。牛顿利用了抛物线(形状与凹面镜一样)的力量,其原理与悬浮于外太空的哈勃望远镜的工作原理一样。

你可以做一个不同的实验,自己去发现抛物线的力量。制作一架抛物面的烤炉,"捉住"光和热,用它们烤棉花糖!这个实验在艳阳天下操作效果最佳。

位于澳大利亚堪培拉的深空通信中心利用碟形卫星接收来自深空的信号(©NASA)

【在成人的监护下完成】

你需要准备:
· 白纸
· 铅笔
· 剪刀
· 胶棒
· 纸盘
· 铝条
· 遮蔽胶带
· 棉花糖

取一张纸,横向折叠,然后展开纸,使得折痕与下一页中模板圆的直径相匹配。绘出模板的形状,用虚线绘出中心的半圆,模板边缘到中心的虚线半圆直接用黑色实线连接。然后将纸倒转过来,用同样的方式绘出模板的另一半。沿着边缘剪出模板。

现在,需要粘胶了。用胶棒将模板、纸盘和铝条逐层粘起来,像做三明治那样。将模板粘在纸盘的外侧,将铝条粘在纸盘的内侧。确保胶水覆盖每一个表面。

等到胶水干了,就照着纸模板沿"三明治"的外边剪出一个圆圈。然后沿着实线往中心剪。注意不要剪超过中心圆的虚线。

你已经准备好架起"炉灶"了。剪出11条遮蔽胶带备用。拿起炉灶,将每个楔形纸瓣依次覆盖,保证后一瓣覆盖前一瓣的一半。从炉灶的外面用遮蔽胶

带粘住楔形瓣。炉灶像一个天线接收器一样立着，只是敞口更深一些。

你的炉灶不像天线接收器那样是一个完美的凹面镜，但能很好地"捉住"阳光。

现在开心一刻到了：把凹面镜形状的炉灶放在阳光下，放一个棉花糖进去，将炉灶直对着太阳，看看会发生什么。不过要小心：用这小小的炉灶加热棉花糖，棉花糖可能会烫伤你的手。

你觉得为什么炉灶烤棉花糖的效果如此好？如果你将铝条放在平放的纸上做这个实验，效果会怎样？现在发挥你的智慧，想一想：艾萨克·牛顿的反射望远镜为什么如此成功？

抛物线模子

义,但他坚定地支持国教,反对罗马天主教。牛顿与剑桥的教员拿起笔,用智慧反对詹姆斯国王将天主教带入剑桥大学的企图。

牛顿加入了由剑桥教员组成的队伍,他们前往伦敦的宫廷,坚持立场,反对国王身边一位最危险的法官杰弗里斯勋爵。杰弗里斯曾下令绞死反对詹姆斯国王的320个农民,因此成了多数英国人眼中臭名昭著的人。

毫无经验的詹姆斯国王在英国强行引入天主教,除了获得杰弗里斯法官等人支持之外,遭到了其他人强烈的反对。随后,詹姆斯发现自己的处境更麻烦了。1688年11月,奥兰治的威廉王子——荷兰一位信奉清教的英雄——带领荷兰舰队驶向英国。牛顿在离伦敦80千米的剑桥大学,准确地猜测到荷兰人取得了胜利。故事是这么写的:

> 他们的枪声传到了远处的剑桥,原因人们都知道,但结果只有牛顿爵士清楚。他通过声音判断,大胆地宣布荷兰人打败了英国人。牛顿爵士发现声音越来越大,渐渐接近,因此准确判断荷兰人是胜利者。

詹姆斯的权力瓦解后,他逃到了信仰天主教的法国,在那里得到了庇护。至此,牛顿在剑桥小有名气,剑桥的公民选举他为代表参加英国议会。1689年,牛顿开始履行他在议会的职责,此时的议会正努力寻找新的王位继承人。最终,牛顿和其他人决定,信奉清教的玛丽公主是王位继承人的最佳人选。玛丽公主是詹姆斯二世与第一任妻子的女儿,而她的丈夫就是有名的奥兰治的威廉王子。1690年,在伦敦富有历史意义的威斯敏斯特教堂,玛丽与威廉同时登基,共同执掌英国政权。当时在伦敦街上的壮观游行,标志着英国"光荣革命"的开始,也标志着英国的统治者进入欧洲的伟大君王之列。而艾萨克·牛顿当时很可能见证了这一切。

伦敦还有更多吸引牛顿的地方,他开始往返于伦敦和剑桥。《原理》一书发行后,不仅自然哲学家,其他的有识之人也能了解牛顿的思想。《原理》将牛顿关于引力和运动的思考带给了公众,也为它的作者带来了同等的名声。牛顿与克里斯蒂安·惠更斯见了几次面,交流了有关光、颜色及运动的想法。这是牛顿首次对社交生活感兴趣,并开始与他人建立严肃的(有时候显得尴尬的)友谊。

德高望重的哲学家约翰·洛克与牛顿成了好朋友。尽管洛克聪慧过人,他也从未宣称自己理解了《原理》中所讨论的数学运算。然而他明白,牛顿对自己的科学的阐述简直就是天才之作。

牛顿从不愿意与他人分享自己的见解,但这次与洛克交往却不同。牛顿比他这位杰出的笔友更精通数学,但他们在多年的通信中,除了数学,还探讨了牛顿感兴趣的其他话题。他们最喜欢的一个话题是宗教。牛顿在信中透露了自己对三位一体的真实想法。牛顿这样的坦诚与他平时的隐蔽相比,确实大有不同。

塞缪尔·佩皮斯

艾萨克·牛顿与塞缪尔·佩皮斯成为好友时，两人谁也没想到，佩皮斯会成为英国最重要的一位作家。

佩皮斯有一个秘密。从1660年到1669年的10年间，佩皮斯坚持写日记。他记录了自己日常生活中的小细节：与朋友到小酒馆和咖啡馆聚会，与妻子伊丽莎白的房帏之事（他与妻子结婚时，他22岁，妻子15岁）。

佩皮斯是一名英国公务员，长期在英国海军部任职。不过，他工作之余有许多闲暇时光。与国王查理二世一样，佩皮斯也喜欢参加派对。他在日记里描绘了复辟时期伦敦人花天酒地的生活。

在纵情声色的国王身边，跟随着一群阿谀奉承之人，佩皮斯在日记里描写了这些人。他参加音乐会，与著名的女演员有过交往。

塞缪尔·佩皮斯（1633—1703年）

佩皮斯做了一次肾结石的手术，所幸活了下来。要知道，那时候做手术病人是不打麻药的，医生也不洗手。

今天我们称佩皮斯为"纸上谈兵的科学家"。他的兴趣广泛，研究了化学、生物学和天文学等自然哲学的各个领域。30岁那年，他在海军部任职时就请了一名英国水手教他数学，他所学的数学是用于测量木材和造船的内容。后来佩皮斯当了皇家学会的主席，帮助出版了牛顿的《原理》。他的名字还列在了书的标题页上。

佩皮斯写日记时用了速记符号，与牛顿上学时学习的速记是同一类。在日记中，佩皮斯细致地讲述了查理国王在英国内战时期如何逃出敌手的故事。他还记录了1666年他亲眼所见的伦敦大火将这座城市夷为平地的场景。

概率有多大？

1693年，艾萨克·牛顿的好友塞缪尔·佩皮斯写信给牛顿，紧急请教他一个问题。佩皮斯和别人赌投色子，他想知道自己是否会赢。

佩皮斯的问题是这样的：

玩家A投下6颗色子，至少有1颗是六点，则A赢；玩家B投下12颗色子，至少有2颗是六点，则B赢；玩家C投下18颗色子，至少有3颗是六点，则C赢。哪一位玩家赢的可能性更大？

艾萨克·牛顿说："玩家A。"佩皮斯不相信牛顿，但牛顿确实是正确的，而且他有几个方法可以解释这个问题。牛顿的解释是基于数学的一个分支——"概率论"（某件事情发生的概率）。

你可以投色子，列表记录，看看概率论得到的结果。为了简化过程，你可以只投3颗色子。你投色子的次数越多，得到的结果就越精确。

你可以自己做这个活动，但找一个同伴一起玩会更有趣。你投1颗色子，你的同伴投2颗色子。

你需要准备：
- 杂记本
- 3颗色子
- 一个同伴

在杂记本里画出下列表格：

概率匹配

需要投几次才出现六点？

玩家A	玩家B
投1颗色子	投2颗色子
如果出现六点，记录一次"赢"	如果出现两个六点，记录一次"赢"
1.____	1.____
2.____	2.____
3.____	3.____
4.____	4.____
5.____	5.____
6.____	6.____
7.____	7.____
8.____	8.____
9.____	9.____
10.____	10.____
11.____	11.____
12.____	12.____
13.____	13.____
14.____	14.____
15.____	15.____
...	...
24.____	24.____
25.____	25.____
"赢"的次数___	"赢"的次数___

现在开始玩游戏：玩家A投1颗色子，如果是六点，就在表格中"玩家A"那一栏记录一次"赢"。玩家A连续投25次，记录"赢"的次数。玩家B一次投2颗色子，如果2颗都是六点，就在表格中"玩家B"那一栏记录一次"赢"。玩家B也连续投25次。

现在，分别算出玩家A和玩家B"赢"的次数。谁的"赢"更多？如果你的结果与牛顿的想法一致，那么玩家A"赢"的次数应该比玩家B多。

根据概率论，玩家A投出一个六点的概率比玩家B同时投出两个六点的概率大。玩家A投1个色子，得到六点的概率为六分之一；玩家B一次投2颗，得到2颗都是六点的概率为三十六分之一。

概率论讨论的是可能发生的事情。然而，也有可能玩家B"赢"的次数比玩家A多。要验证玩家A赢的概率比玩家B的大，只需连续投色子。只要投色子的次数足够多，最终玩家A赢的次数肯定超过玩家B。

再进一步思考。一次投3颗色子，会出现什么样的结果？

寻找机会 | 107

用力甩球，球沿直线飞出

你是否玩过这个游戏：在院子里提着一桶水绕着头或身体旋转。起初，桶里的水可能会洒出来，但随着你甩桶的速度加快，水就一滴也不洒了。此时水桶受到两个作用力影响。一个是你的手和手臂提供的拉力，另一个是桶自身受到的重力，如果甩桶的速度足够快，向心力保持水桶和桶里的水沿圆周运动，水就会停留在桶里。

如果你放手，会发生什么？

你可以用乒乓球和一条细线做实验，观察这两个力合力的作用效果。

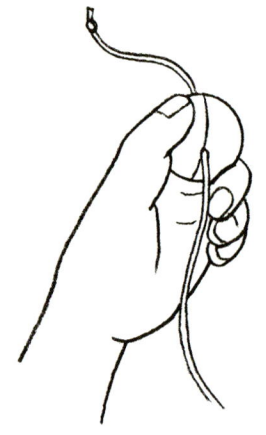

【在成人的监护下完成】

你需要准备：

· 一个乒乓球
· 能在乒乓球上扎孔的尖锐工具
· 鱼线或风筝线
· 胶带
· 一个成人助手

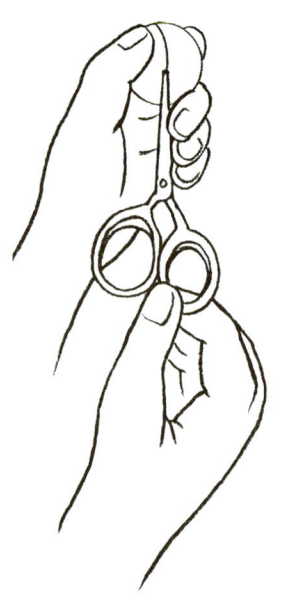

请你的成人助手在乒乓球上沿着缝合线扎两个正对着的孔。孔的大小要保证线能穿过，还得保证线能卡住球，然后在线的末端打一个结。（你可能需要在缝合线上粘一两处胶带。）

到空间大的室外去，带着同伴一起，让他做你的观察者。将球滑到线的中间，手握着线的一端，开始在头顶拉着线甩球。会发生什么？（球会滑到线的末端。）你猜猜为什么？（你的手和手臂产生的向心力将线拉直。根据惯性定律，球要沿着直线运动。）

在头顶拉着线甩球，直到一个恰当的速度。然后放手，球朝哪个方向飞出去？（球应该是沿直线飞出去。）

你还可以观察到另一个原理。你转动球的速度越快，球飞出去后就落得越远。这有道理，是吧？现在思考一下，假如线的末端拉着一个棒球，情况又会怎样？你在拉着线旋转球时，需要多大的力才能让球在轨道上旋转呢？（你得使出更大的力。）那么，你放手之后，球的运动情况又将如何？你用的力越大，球就飞得越远。

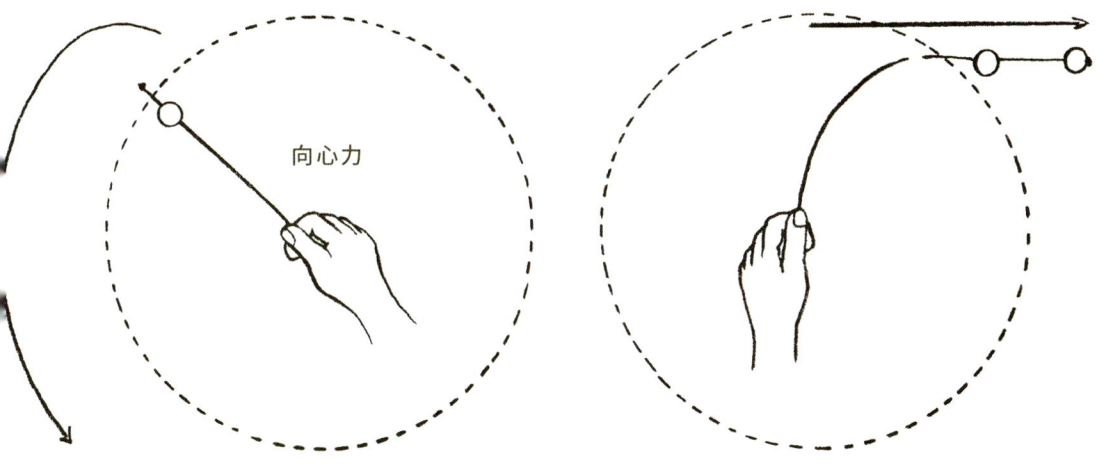

向心力

寻找机会 | 109

牛顿也成了塞缪尔·佩皮斯的朋友。佩皮斯是伦敦人,曾邀请牛顿到家里共进晚餐。他也是一位剑桥人,作为皇家学会的主席而备受尊敬。佩皮斯喜欢丰富的社交生活,他对世界的好奇一直有增无减,身边围绕的男男女女要么给他带来欢乐,要么给他带来趣闻。十几年来,他坚持写日记,不仅记录自己的功绩——他有许多冒险活动,也记录生活中的细枝末节。

1687年,牛顿结识刚从瑞士来到英国的数学家尼古拉·法蒂奥·丢勒。法蒂奥颇有天赋,脑中充满了笛卡儿的学说。牛顿很快就将自己的思想灌输给这位年轻的学者,法蒂奥也准备接受牛顿关于引力和运动的原理。牛顿成了法蒂奥的导师,法蒂奥成了崇拜牛顿的学生。

对剑桥朋友约翰·威金斯的友谊,牛顿曾全身心地投入,这一次他对法蒂奥也一样。他们一起往返于伦敦和剑桥,法蒂奥经常帮牛顿带信给欧洲大陆的克里斯蒂安·惠更斯和戈特弗里德·莱布尼茨。但是,由于一些至今未明的误解,两人之间的友谊还是终结了。法蒂奥离开了英国,尽管他的职业生涯一片光明,但从未达到牛顿所预期的高度。

随着牛顿在伦敦的时间越来越长,首都的生活也越来越吸引他。牛顿清楚,英国知识分子的聚集地是伦敦而不是剑桥。在宁静的剑桥,牛顿可以思考非凡的想法、完成了不起的研究。但只有在伦敦,他才能联系皇家学会的权势之人,借助他们的帮助出版自己的著作、与欧洲其他的学者交流。

被逼到抑郁

牛顿在1686年出版了《原理》之后就埋头修改、润色文本,他也随之而声名鹊起。牛顿对日渐上升的声誉感觉不舒服。有人从国外寄来了信件,有人从伦敦来见他,以求问题的答案。如此引人瞩目对牛顿来说也算是奉承了——很多迹象都表明牛顿喜欢别人的奉承——但牛顿在内心里却是一个羞涩、笨拙的人。

"威廉与玛丽":国王威廉三世(1650—1702年)和女王玛丽二世(1662—1694年)

牛顿想着是否搬去伦敦，他意识到他必须有一份工作来维持在城市的生活。有他这样社会地位的人，应该有一所房子和几个用人，就像佩皮斯和洛克那样。但在伦敦谋一个适当的职位不容易。他在伦敦认识的人中，没有人能为他递上一封推荐信，介绍他进入伦敦的社交圈子。

这次谋职前后持续了好几年。1693年上半年，51岁的牛顿陷入了深深的抑郁，像是掉入了一个黑洞。他在剑桥的屋子里愤怒而书，写信给他的好朋友洛克和佩皮斯。牛顿在信中情绪失控了。在给佩皮斯的信中，他写道："我的思绪处在混乱之中，心神不宁。但我现在清楚，我必须断绝与你的来往，不再见你，也不再见我的其他朋友。"

牛顿很愤怒地写道，洛克企图"用女人来扰乱我"。牛顿很可能认为女人会让他分心，让他不能专注于研究和思考。有好几个月，除了与剑桥的一小部分人有交流外，牛顿没有与其他人有过工作上的联系。

人们在想：发生什么事了？有谣言说，牛顿的屋子起火，烧掉了《原理》修改版，牛顿因此崩溃了。其他人认为，牛顿急忙出版《原理》后已经江郎才尽，20年呕心沥血研究冶金术付诸东流。牛顿与法蒂奥·丢勒绝交，失去了这位年轻的崇拜者，更加重了烦恼。与众多著名的学者和科学家在公众面前露面，再加上在伦敦找工作的担忧，早就把牛顿推向了崩溃的边缘。

但到了1693年的9月中旬，牛顿在伦敦的朋友终于开始收到他相对阳光的来信。信中，牛顿解释了他的怪异举动：

去年冬天，由于在火炉边睡得太频繁，我染上了嗜睡的恶习，到了夏天就更严重，我的作息几乎紊乱。因此，上次我给你写信时，我已经两周内没一晚睡眠超过一小时、五个晚上没合一次眼了。

种种迹象显示，牛顿开始从崩溃状态中恢复。他开始修订《原理》，回答关于此书的读者提问。他重新开始与戈特弗里德·莱布尼茨等数学家通信。他恢复了与洛克和雷恩等皇家学会会员的友谊。

牛顿修改和补充《原理》一书时，调整了他对运动性质和物质本质的思考。牛顿是"原子论者"。他相信细小的物质

中年的艾萨克·牛顿（© Library of congress Lc-usz62-10191）

寻找机会 | 111

粒子分散于一个几乎空着的宇宙。他写道，金是由粒子中的粒子组成的，水银和酸能穿透它就证明了这一点。

在将这一思考运用到行星等巨型物体时，牛顿认为这个规律也适用于宇宙。他说，太空几乎是空的，引力使行星和彗星在它既定的轨道运行。"既然诸天诸海的各种现象都是按照我描述的规律运行；既然自然是朴素的。我得出结论，其他的原因我都拒不承认，天空将会尽可能被剥离出所有物质……"

17世纪90年代后，牛顿继续研究数学、光学等其他课题。他年轻时曾在这些课题上费尽心思，但牛顿现在已是年过半百，他一生中属于科学研究的创造阶段已经结束了。

不过，1697年的一个下午，牛顿忙了一天之后带着疲惫回到家里，发现有挑战在等着自己。一个不透露姓名的学者发布了一个数学难题，摆开了解题擂台。牛顿立即坐下，拿出笔写出了正确答案。那位挑战者后来宣布，除了牛顿，没有人能给出正确的解题方法："从狮子的爪痕，我们看到了狮子的勇猛。"

到现在，牛顿为了在伦敦谋得职务付出的努力得到了回报。在三一学院，牛顿曾经结识了一位名叫查尔斯·孟塔古的年轻绅士。幸运的孟塔古是一个富裕的学生，他的父亲供他进了剑桥大学，他也无须证明自己是个学者。然而，成年的孟塔古非常想阅读《原理》，因而不惜上付费的数学课，以图能理解牛顿在其杰作中写了什么。

孟塔古离开剑桥后，牛顿一直关注着这位朋友的发展。孟塔古在财政部管辖的皇家铸币厂担任职务。随着孟塔古担任的职务越来越重要，他的影响力也逐渐增大。1694年，他当上了财政大臣。牛顿很清楚这位年轻朋友的职位晋升意味着什么，于是决定和他保持联系。

在孟塔古的帮助下，53岁的牛顿当上了铸币厂的监管。与以往的做事风格一样，牛顿刚走马上任就一头扎进了工作。他离开剑桥大学和三一学院，除了后来一次短暂的访问，就再也没有回去过。他期盼着在伦敦的新生活。艾萨克·牛顿所需要做的，就是掌管好铸币厂。

一位与牛顿竞争的数学家称牛顿为"从爪痕就可以看到其勇猛"的狮子

9

作为伦敦人

伦敦塔（© Library of congress）

皇家铸币厂坐落于伦敦塔的围墙之内。伦敦塔是英国最著名的堡垒，到牛顿那个年代，这座城堡已有600年左右的历史。城堡被一条护城河和两堵厚厚的石墙围绕着，在这里建有一座生产克朗、半克朗、基尼、法新及便士等金银币种的皇家铸币厂，简直就是完美的安排。

牛顿做了铸币厂的监管之后，他发现手上这份差事要求他不仅要在塔里工作，还得住在那儿。他的住处并不豪华，住处的后墙就是塔的外墙，正对面就是城堡内主楼的墙。为了工作的各种需要，牛顿就住在了一天运行20个小时的工厂里。

一周6天，每天从凌晨4点到半夜，铸币厂一直产出硬币。一对对马匹拉着

皇家铸币厂的工人在制作硬币（© royal mint）

20世纪后期，英国银行发行的纸币中，1英镑面值的纸币背面印有牛顿的肖像和反射望远镜

木曲柄，不断绕着圈子，拉动巨型的机器将硬币金属压为硬币片，然后工人两人一组操控手动压力机，压出各种各样的硬币。厂里的声音让靠近的人几乎变聋，带臭味的滚烫金属液体流过牛顿的住处和办公室的地面。

另外，坐落于伦敦塔的政府部门还包括军械局，专门负责为英国海军和陆军准备武器和军需物品。牛顿几乎不关注在那儿站岗的人，但铸币厂工人和士兵间的对抗让他很烦。才几个月，牛顿就被噪音和混乱弄得焦头烂额，于是放弃了监管的住房，搬到了威斯敏斯特的杰明大街。杰明大街后来成了伦敦的高档街区。

由于铸币厂正经历巨大变化，牛顿每天都来铸币厂监察工作。财政部在收集旧的硬币，然后将其改造成新的。在英国人的口袋和钱包里丁当响的硬币，最旧的可以追溯到将近一个世纪以前女王伊丽莎白一世的时代。在辗转于商人、贵族、僧侣之手时，硬币相互撞击，磨损了不少。也有硬币被"切掉"，因为不法分子切了硬币边缘，熔化后就能拿去卖，好像那就是他们自己的东西似的。

有的硬币伪造者雇了铁匠，造出了与真硬币很像的假硬币。人们在卖了东西或是提供了服务后，不敢确定自己拿到的钱是不是皇家铸币厂生产出来的。

当时，制造假硬币的行为在英国很猖獗。伪造者把国家财产当自己的东西出卖，大发横财。英国的经济以这个小国的金银量为基础，金银都由财政部掌管，其中包括了这个国家的所有硬币。即使是落入伪造者手中的金银残渣，日积月累，也会造成巨大的损失。

"造假币"让最高政府部门的官员们头疼得很。生产假硬币使得真硬币贬值，给英国的财富带来了严重损害，因而威

作为伦敦人 | 115

在绘制这幅牛顿肖像画的年代，时尚的英国人会把头发剪掉，戴上特制的卷发

胁了英国与法国、荷兰、意大利等国竞争时的安全。当时国王威廉正在欧洲为英国作战，英国领导人不想因为国人从硬币中偷窃财富而在国内制造更多麻烦。

艾萨克·牛顿做了监管后，就以专一的热情投入工作。他着手查阅铸币厂的历史，发现可以追溯到1455年爱德华四世统治时期。牛顿一页一页手抄了这些有上百年历史的文献，他利用自己的数学技巧统筹规划，将对铸币厂有用的历史记录整理出来。

牛顿还研究铸币厂的铸币过程。他仔细研究了过程中的每一个步骤，俨然扮演了"效率专家"的角色。在他监管的两年内，铸币过程变得更加高效。

1699年，铸币厂的总管生病去世，牛顿接手其工作不成问题，他踏实的作风确保了铸币厂的运营。牛顿对自己的工作很熟练，如今，他从之前的监管晋升成了铸币厂的总管。

英国的领导人决定，造假硬币是叛国罪，即造假硬币者等同向敌国出卖秘密的间谍或叛徒。在1697年年初，造假硬币者被定罪后，面临的是惩罚间谍或反动派的死刑。这样的死刑恐怖至极，他们将被"英式车裂"——先吊到半死，再肢解，最后被切成碎片。

英国政府责令牛顿找出起诉造假硬币者的证据。牛顿发现这个任务是个烫手山芋，他的信件显示他曾想把这个任务推给另一个部门。但是，他的上司无视了他的请求，还给他派了一个职员做助手。将造假硬币者绳之以法是当务之急，而艾萨克·牛顿是完成这个任务的最佳人选。

牛顿曾将铸币工作管理得井井有条，现在他以同样的作风开始抓捕造假硬币的人。他穿上便服，打扮成老百姓的样子，出入小酒馆去暗寻造假币的人。他还特意去了伦敦的纽盖特监狱，收集囚犯的故事。这些囚犯大部分是些穷男女，曾为雇用他们的窃贼们削硬币或"铸造"硬币。

但是，造假硬币者并不都是穷人。牛顿盯上了一个绅士穿着的骗子——威廉·查洛纳。查洛纳精于运营一个造假硬币的工厂，乐于"欺骗"英国政府。他人在监狱里，却还能设法买通不利于他的证人。为了保住脑袋，有关他的同伙的罪行他无谎不撒。假如这些都行不通,他就用花言巧语来洗脱罪行。

然而,牛顿最后还是成功帮政府立案起诉了查洛纳,最后法院定了他的罪。查洛纳给牛顿写了一封声情并茂的信,祈求牛顿帮他脱离英国政府的谋害。但牛顿确实没法掌控查洛纳的命运,查洛纳最后以叛国罪被处死。

皇家学会重现

尽管牛顿在皇家铸币厂任职,但他还保持着对自然哲学的兴趣,并参加皇家学会的集会。他任铸币厂总管的年薪为500英镑——与他在剑桥勤工俭学时母亲给的几英镑相比,这收入算是可观的。1702年,牛顿决定辞去剑桥大学议会代表的身份,切断他与剑桥的最后一丝联系。他心里已经有了别的计划。

1703年,罗伯特·胡克去世,牛顿在皇家学会的宿敌永远地离开了。经过了一系列缺乏热情的投票后,皇家学会的成员选举牛顿为学会的主席。克里斯托弗·雷恩曾被提名为主席,但他弃权了。雷恩认为,牛顿是更适合这个位置的科学家。

尽管牛顿之前很蔑视胡克,但他依旧肩负起了这位宿敌的工作,做了皇家学会的实验策展人。在皇家学会鼎盛的时期,每次集会他们都讨论数学和科学的问题,这些讨论令人兴奋,而且很有价值。胡克的工作就是协调安排各成员观摩彼此的实验,分享彼此的研究论文。然而,随着胡克渐老,皇家学会开始接纳一些非科学家作为领导人。他们的集会堕落到讨论自然的怪现象和人们如何相互毒害等话题。

艾萨克·牛顿意识到皇家学会正在走下坡路,因而着手整顿作风,让集会更加专业。从某种意义上看,牛顿成功了。一些出走的学会成员回归,集会讨论的主题也达到了新水平。但是,即使是杰出的牛顿博士,也不能阻止他的成员分享花边新闻或是奇怪发现。有一天,牛顿发现自己主持的会议正在讨论四只死乳猪,"所有人都在互相成长"。直到19世纪,皇家学会才确立了在科学讨论和探索上的领导地位,并保持到今天。

牛顿被铭记在皇家铸币厂发行的2英镑硬币上。硬币边沿所刻写的字为"站在巨人的肩膀上"
(Standing on the Shoulders of Giants)

作为伦敦人 | 117

克里斯托弗·雷恩

大火期间,伦敦人露营而居

皇家学会的成员中,最著名的除了牛顿就数克里斯托弗·雷恩爵士了。雷恩是一位有天赋的数学家、天文学家和建筑学家。

和牛顿一样,雷恩小时候也喜欢动手做小机械和模型,不过他念的是牛津大学,25岁时就当上了伦敦一个学院的天文学会主席。但是,在游历巴黎归国后,雷恩开始以设计者的新鲜眼光看待周围的建筑物。

1666年8月,伦敦布丁巷的一家面包店着火,火势蔓延成熊熊大火。在对抗两年内两次来袭的瘟疫时,伦敦人几乎用尽了智慧。而当时,大火之后又有10万人无家可归。雷恩和他的朋友罗伯特·胡克重建了一个风格宏伟的英国首都,就这样,一个新的伦敦从灰烬中崛起,其中的很多建筑包含了雷恩的设计风格。

17世纪80年代,雷恩和胡克设计了高202英尺(约61.6米)的柱状纪念碑。300年来,瞻仰纪念碑的人都以为这座纪念碑是纪念当年的那场大火。

克里斯托弗·雷恩爵士(1632—1723年)
(© Library of congress Lc-B2-5234-10)

圣保罗大教堂

然而，在21世纪初期，一位历史学家参观纪念碑时发现纪念碑下有一间长期弃用的地下室。其实胡克和雷恩设计这个纪念碑是用作科学实验室的。从碑的顶部到底部高度，是为了满足实验需要而设计的。另外，柱子在安装上透镜组后，俨然就是一架望远镜。

雷恩死后被埋葬在他的杰作——圣保罗大教堂之下，旁边的墙上刻着：

此处埋葬的是这座教堂和这座城市的奠基人——克里斯托弗·雷恩。他90多年的人生不是为了自己而活，而是为了公众的利益。读者，如果你要寻找他的纪念碑，请看你的四周。

克里斯托弗·雷恩爵士的墓，位于伦敦圣保罗大教堂

双重目的的纪念碑

安妮女王（1665—1714年）

约翰·弗兰斯蒂德（1646—1719年）

1705年，牛顿最后一次回剑桥，只为给自己的名字添上一个头衔。时任女王、玛丽女王的妹妹安妮女王访问剑桥大学，授予牛顿骑士称号，加封艾萨克·牛顿"爵士"爵位。

与皇家学会玩政治

牛顿成为主席后，立即着手在皇家学会建立自己的王国。他利用主席的身份，巧妙地提高了自己在自然哲学家圈子中的地位。有几次，他滥用权力不公正地处理了与其他人的事情。尤其是，他利用自己的权威，管制国王的御用天文学家约翰·弗兰斯蒂德。

弗兰斯蒂德在位于格林威治的天文台专心观测，几十年如一日，力图绘出巨大的星图——追踪月球、行星、恒星在天空运行情况的大量数据。弗兰斯蒂德的智力与天赋肯定不能与牛顿同日而语，但是他记录的数据量大而且准确。

在17世纪90年代，牛顿计算月球轨迹时遇到了麻烦，他需要弗兰斯蒂德的观测数据来完成自己的研究。弗兰斯蒂德对自己的论文与对星图一样吹毛求疵。很多年来，他屡次拒绝牛顿的要求。弗兰斯蒂德想绘出星图后，将观测成果一次性地呈现在其巨著《英国天文史》之中。弗兰斯蒂德难以相处的性格让牛顿讨厌，正如牛顿自己的行为让其他人讨厌一样。两人因此成了敌人。

20年来，牛顿与弗兰斯蒂德一直玩

英国发行的一系列邮票,展现了天文学的历史,其中包括了艾萨克·牛顿的成就

"猫捉老鼠"。但这只"猫"长成了狮子。作为皇家学会主席,牛顿利用自己的权力,从弗兰斯蒂德手中抢夺走其还未完成的论文。接着,牛顿让皇家学会只发表其中的一部分——牛顿认为重要的那部分。

弗兰斯蒂德不甘示弱,继续观测夜空,记录观测结果。1712年,他出版完整版的著作《天文史》。4年之后,命运让牛顿盗取的那一部分著作又回到了弗兰斯蒂德的手里。弗兰斯蒂德在欣喜之余烧掉了那些手稿。牛顿再也碰不到它们了。

1716年,弗兰斯蒂德去世。9年后,弗兰斯蒂德的两个忠实助手出版了《天文史》的修订版,这也是当时最权威的版本。弗兰斯蒂德为了这项研究耗费了一生的精力。

红色的房间

牛顿作为一个拥有财富和影响力的人,需要一个女性为他持家、招待访客。牛顿没有妻子,因而他在1696年把自己的侄女从农村带到了伦敦。

与怪异的叔叔不太一样,凯瑟琳·巴顿魅力十足。她的长相、智慧及迷人的性格吸引了很多男性。很快,凯瑟琳的名字就流传于咖啡馆和男性俱乐部,伦敦人在这些场合用刻有她名字的酒杯祝酒,表达对这位女性的爱慕。

后来谣言四起,都传巴顿小姐搬进了查尔斯·孟塔古(牛顿在铸币厂的保护人)的家里,但并没有与他结婚。这可是巨大的丑闻。孟塔古的哥哥已经去世,他因此从已故父亲那里继承了头衔和房产。如今,他成为有权有势的贵族巴伦·哈里法克斯。有恶言指责牛顿,说他为了报答孟塔古昔日对自己的恩惠,刻意给对方安排了自己的侄女。可能凯瑟琳·巴顿与查尔斯·孟塔古已经秘密结婚了,但历史学家一直没能确定这件事的真相。

不管两人结婚与否,凯瑟琳·巴顿在1717年与丈夫公开亮相,她的丈夫更年轻,名叫约翰·康迪特。有时候,夫妻俩与牛顿住在位于威斯敏斯特一条时尚街的莱斯特寓所,牛顿于1710年搬到了这里。

牛顿是个有钱人,还是英国首席科学家、皇家学会主席和铸币厂主管。他需要一个与其身份相配的家。凯瑟琳·巴

在"面盒子"里烤苹果派

从中世纪起,苹果派就成了欧洲人的佳肴。家庭主妇在"面盒子"——一个坚硬的面饼容器里烤苹果派。早年,人们并不吃这个盒子,只吃里面的馅。但到了牛顿孩童时期,人们会连馅带盒子一起吃了。威廉国王的这首诗反映了牛顿那个年代苹果派确实很受欢迎:

> 英国人竭力用各种食物
> 满足历代国王的味蕾,
> 摆出满是美味佳肴的宴席,
> 在诸多食物中,
> 哪一样都比不上苹果派。

艾萨克·牛顿家的厨师可能会按照下列菜谱制作苹果派:

制作青苹果派

摘下苹果,清洗干净并去核。将少量的清水、半碟黄油和一点儿藏红花放入火锅中,加热后搅拌,并加入两个鸡蛋的蛋清。同时准备你的面盒子,用肉桂、姜和糖给苹果调味。然后将拌好的苹果放到面盒子里,再倒入半碟黄油盖在上面。盖住盒子,就可以烘烤了。

你可以用青苹果烤出这道食物的现代版。为了节省时间,做面盒子时,你可以直接从食品店里买已经做好的馅饼皮。在制作过程中,需要成人的监护。

你需要准备:
- 烤箱
- 土豆削皮机
- 六个大的青苹果
- 水果刀
- 碗
- 一杯白糖
- 四分之一杯面粉
- 一茶勺肉桂粉
- 一茶勺姜粉
- 勺子
- 两片做好的馅饼皮
- 直径约20厘米的平底锅
- 两汤勺的黄油,切成细片
- 锡箔纸

将烤箱预热到218℃。将苹果削皮、去核,切成0.5厘米厚的楔形小块,放入碗中。然后加入糖、面粉、肉桂和姜粉。用一个大勺子搅拌,保证苹果完全上料,然后先放在一边。

按照馅饼皮包装袋的步骤,取出馅饼皮。把一片馅饼皮放到锅里,照着锅的形状摊开。如果锅是方形的,你就需要扯一扯面饼；假如你撕破了面饼，就用手指将面饼补好。面饼摊开后应该超出锅的边沿。

将拌好的苹果铺在锅里，保证苹果块密布在面饼上。然后将黄油片放到苹果块上面，把第二片面饼倒扣盖住苹果块，并用手指沿边缘捏紧两片面饼。

用刀在面饼上划出细缝，这样烘烤时水蒸气能从细缝冒出。在面饼四周垫上锡箔条，使馅熟得没那么快。

在成人的帮助下把苹果派放进烤箱，随时看着，别烤糊了。30分钟后抽出锡箔条。

烘烤苹果派总共要花40～50分钟，烤好后馅应该是淡棕色的，汁从细缝处带着热气冒出。放在一边冷一冷，就可以食用了。

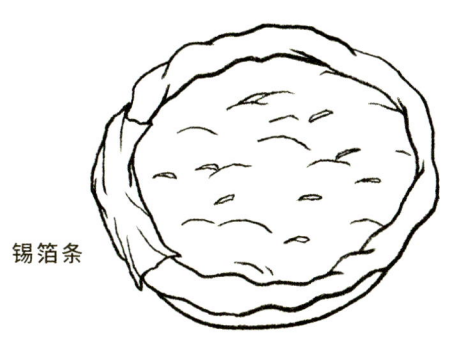

锡箔条

作为伦敦人 | 123

在肖像中创造线索

现代人想要一幅自己的肖像，依靠的是照片。但在艾萨克·牛顿成名时，他得请一位画家到家里来给自己画肖像。牛顿越是出名，他的肖像画得就越频繁。

肖像画包含了肖像主人的许多信息，比如性格、社会地位、宗教信仰，甚至他们的宠物。在牛顿的时代，人们在观赏肖像画时，会去寻找这些信息。

比如，你研究一下国王查理二世的肖像和他的大敌奥利弗·克伦威尔的肖像。两幅肖像都是在17世纪同一时期画出来的，两人都统治过英国，但肖像画中有许多线索显示了两人的不同。仔细观察两幅画，画上的细节告诉你什么？（将书倒转过来，有答案……）再看看本书的其他肖像画，其中是否也有类似的线索？

你需要准备：

· 美术用品（参照下列方法，自选艺术用品）

制作一张你的肖像，或者你熟悉的人的肖像。你可以用画笔或马克笔在纸上画，也可以用黏土捏成模型，还可以用你手边的东西制作拼贴画。开始前要定好计划，你要用什么样的标志来暗示画中主角的身份。

国王查理二世、奥利弗·克伦威尔的肖像画的线索：

1. 查理国王的肖像衣裙华贵，因为他从小锦衣玉食。平时，查理的哥哥更重要珍贵。他把哥哥当作长兄，除了他像自己的哥哥外，他还把哥哥当成长辈对待，以示他们深厚的兄弟情。

2. 查理国王的肖像画面有王冠，而克伦威尔的肖像没有，因为克伦威尔不喜欢当王。克伦威尔打败了查理国王的父亲，他把后来的王篡夺了，画中的戴王冠的国王变成克伦威尔建立了英国海军。

3. 查理国王没有穿大盔甲画上位。而克伦威尔像有一位叫做护卫像，能穿着战甲来守国的神气人，也许克伦威尔的政权地位很长久了。

奥利弗·克伦威尔　　国王查理二世

学习是幸运的

你阅读这本书时,是否发现皇家学会的成员都是男性?在艾萨克·牛顿的年代,除了女王之外,任何女性都不能参加公共生活——不能接受教育,不能在政府或教堂任职。

一位有学养的女性抱怨道:"有学问的女人被认为是扫把星,一旦出现就预示着坏事。"女人被认为身体上不如男人,智力上也不如男人,所以不被允许在学习上花费太多脑力。

一个女孩能否接受教育,取决于她父亲对这个问题的看法。在富裕的家庭,女孩子可以与兄弟一起跟着他们的导师学习,但男孩子离开家去上大学后,女孩只得待在家里。女孩子被教导如何持家、读《圣经》及监督她的儿子读书学习。艾萨克·牛顿的母亲汉娜·牛顿·史密斯只会写几个字——一个完美的例子。

一些来自上层社会的女性,她们写小说、自传和历史故事。牛顿名声鼎盛时,有幸见到威尔士的卡罗琳王妃。卡罗琳王妃是一个认真的学生,她收集书籍,还建了一座很好的图书馆。由于对牛顿关于《圣经》的研究很好奇,她经常召见牛顿进宫。

艾米丽·杜夏特莱是法国的一位侯爵夫人,她学习过数学和语言,后来成了伏尔泰的朋友和情人。伏尔泰是法国最重要的知识分子,很欣赏牛顿的研究。

杜夏特莱夫人将全本的《自然哲学的数学原理》译成法文。自那以后,再也没有人将《原理》译成过法文。1749年,她在分娩一周内去世。

威尔士王子迎接妻子卡罗琳王妃,威尔士王子后来登基为乔治二世国王

艾萨克·牛顿的起居室，里墙上挂着他的肖像
(© Babson college archives)

在伍尔斯索普、格兰瑟姆和剑桥生活过的青年牛顿。多亏了他的努力，我们才能窥探这位复杂人物的早年人生。

到过莱斯特寓所的其他访客也记录了寓所主人的趣事（或怪事）。牛顿当时年迈有钱，但他还常常沉浸于思考，使得自己忘记了日常生活的安排。威廉·斯蒂克利是撰写当时故事的一个"古董商人"，一本旧书曾记录了他拜访牛顿时的情景：

顿·康迪特用深红色装饰了牛顿的寓所。没有人知道为什么，但红色确实覆盖了屋子里所有的东西——沙发、椅子、床单、枕头、会客房间的地毯，以及他睡觉的房间里的小长椅。也许凯瑟琳·巴顿选择红色是为了映衬叔叔在三一学院做教授时所穿长袍的颜色。确实，红色与牛顿的名声很搭配。

凯瑟琳的新任丈夫陪伴着牛顿，牛顿也很喜欢他。康迪特是一名业余科学家，也是皇家学会的会员，聪慧且有求知欲。夫妻两人常常一待就是几个小时，听牛顿讲述自己的童年故事和在剑桥的求学生活。牛顿喜欢聊他对自然哲学的探索，康迪特便一一记下。后世能听到牛顿与掉落苹果的传奇故事，还得感谢约翰·康迪特。

牛顿去世之后，康迪特计划为他写一部长长的传记，但康迪特在9年之后也去世了。他计划的传记只写了草稿。不过，康迪特采访了许多人，他们认识

> 一日，斯蒂克利博士如约来访。开门的用人说牛顿爵士正在书房，不准任何人去打扰他。由于那时快到牛顿的用餐时间，访客就坐在餐桌前等。不一会儿，仆人端上了一只炖鸡，用盖子罩上，准备午餐时享用。一个小时后，牛顿爵士还是没有出现。博士吃了那只鸡，并罩上了盖子，要仆人重新给她的主人准备一只。仆人还没来得及准备，这位伟人就走出来了。他为自己的拖延道歉，并说："给我几分钟简单吃个午饭，然后我再听候您的吩咐。我又累又晕。"说着，他揭开了盖子，然后没有任何情感地转过身，微笑着对斯蒂克利博士说："你看，我们这些专心的人啊！我都忘记我已经吃过饭了。"

斯蒂克利那天亲身感受到，为什么仆人对牛顿说长道短了这么多年。

10

狮子的咆哮声渐息

牛顿的两幅肖像，左图表明他是位富裕的绅士，右图展示他在书房的工作场景

牛顿担任铸币厂总管后，年薪为500英镑，还坐稳了皇家学会主席之位，保证了他在伦敦很高的社会地位。搬到伦敦后，牛顿好像抛弃了他秘密的生活方式，晚年的牛顿很乐于与其他人交往。一堆堆访客不断出入他在威斯敏斯特的家，伦敦的达官贵人、皇家学会的其他成员及来自海外的自然哲学家都来拜访这位伟人。

当然，众多的侄儿侄女也与他保持联系。牛顿的弟妹都比他先去世，留下的这些孩子很高兴能得到这位出名、有钱的叔叔的关注。有时候，牛顿会回到伍尔斯索普查看他的财产——一个给他带来收入的绵羊农场。牛顿对家人很慷慨，他在有生之年赠给了他们很多钱财。实际上，英国上下凡是姓牛顿的人，都觉得问牛顿要钱是天经地义的事情。很多情况下，牛顿都会帮助他们。

此时，罗伯特·胡克已经不在身边指责牛顿的错误，牛顿便完善了他在自然哲学方面的早期著作。牛顿在1704年首次发行《光学》的英文版，并在1706年出版了此书的拉丁文版，在1717年出版英文的修订版。牛顿还出版了几本数学方面的著作，那也只是润色了他几十年前在剑桥大学就完成的著作。

1709年，66岁的牛顿开始修订《原理》一书，并在1713年将其出版。1726年，80多岁的牛顿又发行了《原理》的第三版。尽管牛顿开始走向人生尽头，但他的大脑依然很活跃。约翰·康迪特写道，自己经常看见牛顿在华屋中痴迷于工作。

艾萨克爵士也保持着对神学研究的

热情。在伦敦居住的岁月里，他撰写了几百页古代希伯来人的历史。地球生命何时终结这一问题也吸引着他。他参加教堂的活动，但不从公开宣布他不信奉三位一体的教义，那可是他在心中藏了50年的"异教邪说"。

牛顿清楚，他自己是那个时代的传奇，他也努力使自己的名声能延续下去。他请来了伦敦最具才华的画家为他画肖像，让雕刻师为他雕刻大理石的半身像。居住在伦敦的那些年，他一直为了"发明微积分第一人"的名誉与莱布尼茨争个不停。自始至终，他都努力保持自己作为自然哲学家的声誉，尽管那意味着将卷入与莱布尼茨和弗兰斯蒂德的纷争。

然而，牛顿下面的话确实显现了他的谦逊：

> 我不知道世人怎样看我；对我而言，我自己就像在海边玩耍的男孩，会因为偶尔拣到一颗光滑的石子或一只美丽的贝壳而欣喜，而我面前浩瀚的真理之海却尚未被发现。

没有证据显示艾萨克·牛顿曾看过海。对于在实验室里研究了30年有毒材料的人来说，艾萨克·牛顿的健康状况异常良好。然而，最终还是避免不了生老病死。为了生活舒适，他决定搬到时尚、新潮的肯辛顿，那里空气污染不那么严重。

牛顿承受着膀胱的病痛，还差点儿小便失禁。坐马车长途颠簸加重了这一病痛，但牛顿决定继续当皇家学会的主席。他买了一辆"轿子"，座位前后伸出几根杆子，让两名仆人一前一后抬着他穿过伦敦大街。他虽然还是主席，但经常在皇家学会的集会上打盹。集会衰败成讨论无聊话题的场合，倒退到了牛顿上任前的那种状况。

1720年，牛顿加入股票投资狂潮的行列，买了南海公司的股份，并因此遭受了个人财产的巨大损失。从1月份到6月份，股价从一股128英镑涨到1050英镑。牛顿在股价涨停时投资了两万英镑，然后全部赔了——9月份暴发了臭名昭著的"南海泡沫"事件，股价掉回到每股128英镑。

但牛顿继续工作，直到生命的最后几天。1727年3月，艾萨克爵士在伦敦主

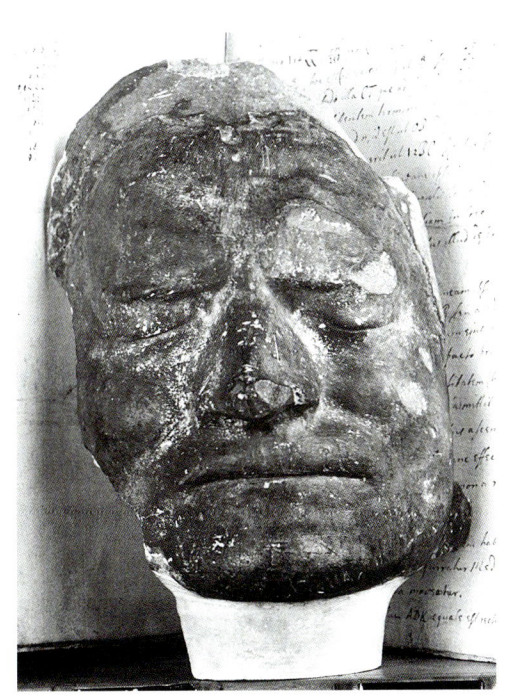

牛顿的死亡面具，陈列在《原理》原稿之前
(©Jim sugar)

狮子的咆哮声渐息 | 129

一尊牛顿的纪念碑耸立在威斯敏斯特教堂的牛顿墓前，你能找出哪些标志是纪念英国这位伟大的科学家的吗 (©The dean and chapter of westminster)

雕刻师来到牛顿家中，为牛顿制作了一张"死亡面具"。雕刻师小心翼翼地将湿石膏倒在这位已故科学家的脸上，石膏干了之后，就会得到牛顿肖像的模子。这张死亡面具成了后世展示这位传奇人物的模型。

牛顿的遗体安放在威斯敏斯特教堂，他的四周安葬的是英国历代国王、王后。他的葬礼是英国历史上为自然哲学家举办的最宏大的一场。出身最高贵的英国人参加了葬礼，目视贵族抬着牛顿的棺材走过，他们中有两位公爵和三位伯爵，都是皇家学会的成员。牛顿安息在威斯敏斯特教堂最西面的地下，前面是他的纪念碑。地面上用拉丁文刻着：安息此处的是逝去的牛顿。

持了皇家学会的常规会议。此时他已是84岁高龄，这次会议是他最后一次出席。第二天回家后，这位老人在剧痛中上床休息。几天后他就去世了。约翰·康迪特记录了艾萨克爵士人生的最后一幕。按照英国国教的习俗，人在临死之前要接受圣礼，但牛顿拒绝了。1727年3月20日，牛顿选择以自己的方式去见上帝。

根据那个时代的习俗，一位著名的

通过历史的透镜看牛顿

随着牛顿的去世，他实现了自己的心愿：千古留名，成为历史上最杰出的一位科学家（即使不是最著名的人物）。一位报纸的读者写道："艾萨克·牛顿爵士，最伟大的自然哲学家，英国的荣耀……"

去世后的艾萨克·牛顿比活着时形象更高大。随着欧洲诸国变得越来越强大，并开始施行殖民统治，牛顿留下的遗产成了英语国家的民族骄傲。

牛顿去世后几年，人们在他威斯敏斯特的墓地附近立了一块装饰性的大理石纪念碑。诗人写诗赞美这位已故的人，家家户户悬挂他的肖像。在整个英国，这位伟人的雕像在各地耸起，其中一尊矗立在了牛顿曾念过书的格兰瑟姆。在大西洋两岸的英国和它的美洲殖民地，一代代的小男孩出生后，很多都会取名叫"艾萨克·牛顿·某某"。认识牛顿的人都在日记里写出了对这位伟人的怀念。接着，有关牛顿的第一部传记出现了。

牛顿的手稿和书信变得很有价值，因此，人们开始收集他的文稿，保存在安全的地方。牛顿在伍尔斯索普的亲戚也希望掌握艾萨克叔叔的文稿。约翰·康迪特担心这些亲戚会卖掉文稿，于是从牛顿家人手中智取了手稿，保存起来。

在18世纪，"牛顿力学"主宰了欧洲与美洲的科学家的研究方法。牛顿成了启蒙运动时期重要知识分子心目中的英雄。另一个描述启蒙运动的词是"理性时代"，这一时期人类知识蓬勃发展。

启蒙运动时期的思想家，如伏尔泰、本杰明·富兰克林、托马斯·杰斐逊等都很崇拜牛顿。他们视牛顿为纯理性之人。在他们看来，牛顿的科学开启了一个智慧与光明的时代，将推动人类向新的高度发展。亚历山大·蒲伯是一位经常写诗

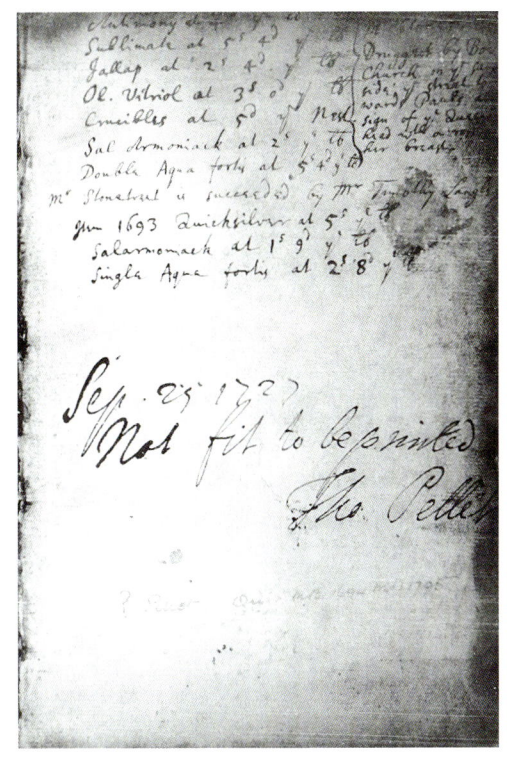

"不适合出版。"牛顿去世后，一位学者阅读了他关于冶金术方面的手稿后这样说。这些手稿在随后的200年里一直没有出现过（© The chymistry of isaac newton, indiana university）

嘲弄他人的诗人，但在写牛顿时，他是这么写的：

自然与自然规律躲藏于暗处；

上帝说，"让牛顿来！"——于是一切皆是光明。

到了19世纪，也就是牛顿逝去一个世纪后，他在传记中已被奉为神人。传记作者美化牛顿的一生，为牛顿塑造了神一般的形象。形成极大反差的是，他们几乎不描写牛顿的阴暗面，比如他忌妒的性

狮子的咆哮声渐息 | 131

牛顿的这尊雕像立于剑桥大学
(© Trinity college Library, cambridge university)

格和他怪异的习惯等。有时，传记作者找到了牛顿研究冶金术和宗教的证据，如果这些证据会抹黑牛顿的名声，他们就会掩盖证据，想让公众永远不会发现这些证据。

到了20世纪，历史学家开始以更平衡的视角看待牛顿。科学研究中出现了一个研究人心灵的新学科——"心理学"。人们开始思考一个人的所作所为。随着人们对人类心灵和情感的了解不断加深，传记作家开始描述牛顿的性格。

现在，传记作家不仅关注牛顿伟大的科学成就，还关注牛顿这个人。这些历史学家写了牛顿因忌妒而不公正地对待胡克和弗兰斯蒂德，他们批评牛顿在任铸币厂总管时对造假硬币者的惩罚太过血腥。其他人则质疑为何牛顿在剑桥时朋友如此之少。到了20世纪末，甚至有人认为牛顿与约翰·威金斯和法蒂奥·丢勒曾保持同性恋关系。

1936年，出现了有关牛顿私密性格的线索。牛顿的一大堆手稿在伦敦被拍卖，最后落入了当时英国著名经济学家约翰·梅纳德·凯恩斯的手中。凯恩斯开始阅读这一堆手稿，其中的内容让他吃惊不小。一些内容显示，牛顿悄悄地做冶金术实验；另一些内容显示，牛顿不信奉三位一体的教义，还担心别人知道这件事。

这一发现给牛顿之谜又添了一笔。研究者对牛顿躲藏在剑桥那些年的生活有了更清晰的了解。这些新的信息让凯恩斯认为牛顿"一只脚在中世纪，另一只脚在为现代科学开辟道路"。凯恩斯并不认为牛顿对冶金术的研究有任何科学价值。

但是，现在的部分科学家不赞同凯恩斯的观点。化学家以新的眼光去阅读牛顿冶金术方面的手稿。这些科学家怀疑，牛顿对他在实验室所研究的化学过程感兴趣，只是因为他对化学过程的"神奇"性质感兴趣。他们认为，实际上牛顿在尽可能地研究化学技术和金属的性质。他们希望通过复制牛顿的熔炉和"化学"，证实他们的想法。

牛顿作为伟大的科学家，名声不可撼动。实际上，我们认为的科学界"最伟大的头脑"有两个，一个是牛顿；另一个是阿尔伯特·爱因斯坦。爱因斯坦在20世纪初提出的狭义相对论和广义相对论给物理学带来了革命性的突破。爱因斯坦曾问物体的运动速度接近光速时会发生什么，他的思想随着这一疑问将科学带进了新的研究领域。

2005年，皇家学会发起了一场竞赛，让科学家和公众选出"人类史上最伟

阿尔伯特·爱因斯坦（1879—1955年）
(© Library of Lc-uszc4-4940)

的科学家"。科学家们的选票61%投给了牛顿，39%投给了爱因斯坦；公众平分了选票：50.1%投给了牛顿，49.9%投给了爱因斯坦。

爱因斯坦自己也认可牛顿在物理学上的强大影响力，他宣称牛顿是"一股闪耀的灵光，指明了西方思想与研究的道路，前无古人，后无来者……"正如爱因斯坦所言，牛顿的力学思想影响了物理学的其他领域：研究光的光学；研究热、能量、气体的热力学；电学和磁学。

艾萨克·牛顿的一生及科学研究总让我们着迷。而牛顿大量的文字资料依然需要研究，假以时日，研究者将会收获新的成果。关于牛顿本人的证据虽然丰富，但依然存在许多疑问，不过，学者们将对这位神秘的凡人做出值得信赖的猜想。

英国伟大诗人威廉·华兹华斯极好地渲染了笼罩在艾萨克·牛顿身上的神秘气息。与牛顿一样，华兹华斯念过剑桥大学。在剑桥大学时，华兹华斯可以从床头看到艾萨克·牛顿的雕像，还从这尊雕像获得了灵感。

华兹华斯在下面这首诗的最后一句，呈现了牛顿内心世界的一幅画面。

> 从我的枕边看去，借助
> 月光或星光，我看见
> 教堂前厅耸立着的牛顿雕像，
> 他手握棱镜，面色沉静，
> 那张大理石的脸显示了
> 远航于思想之奇异海洋的大脑
> 在独自沉思。

狮子的咆哮声渐息 | 133

致　谢

　　我衷心感谢泽维尔大学的罗伯特·汤森博士、辛辛那提大学的肯恩·凯勒博士及我的父亲弗雷德里克·D.洛根，在我撰写本书的过程中，是他们给予我数学和物理方面的指导。我还想感谢布兰登·玛丽·米勒和玛丽·凯·卡森，她们的鼓励是我撰写本书的动力。我还要感谢我的编辑杰里·坡伦在书中活动部分给予的指导，感谢我的学生玛蒂娜·奥罗兹作为书中活动的试验员。我也感激我团队的所有成员帮助我认真校对书稿。我要感谢艾米·霍布尔、戴安娜·R.詹金斯、凯西·基茨、杰里·科勒沙、凯莉·莫斯特和丽莎·莫尔塔。每一位作者都需要一位"冷静"的读者。最后我要感谢我的丈夫比尔，是他用如飞行员一般的敏锐眼光，护着我穿过各种风霜雨雪的天气。

相关资源

你有许多途径去了解艾萨克·牛顿、物理学和科学史，其中一个方法就是去当地的图书馆，寻求图书管理员的帮助。

以下是你可以着手阅读的资源。标有 🌱 这个符号的资料收藏在图书馆的儿童区或青少年区。

图　书

🌱 Anderson, Margaret Jean. *Isaac Newton: The Greatest Scientist of All Time.* Springfeld, NJ: Enslow Publishers, 2008.

🌱 Boerst, William J. *Isaac Newton: Organizing the Universe:* Greensboro, N.C.: Morgan Reynolds Publishing, 2004.

🌱 Carson, Mary Kay. *Exploring the Solar System: A History with 22 Activities.* Chicago: Chicago Review Press, 2006.

🌱 Christianson, Gale E. *Isaac Newton and the Scientifc Revolution.* New york: Oxford University Press, 1996.

Gleick, James. *Isaac Newton.* New york: Pantheon Books, 2003.

🌱 Hakim, Joy. *The Story of Science, Aristotle Leads the Way.* Washington, DC: Smithsonian Books, 2004.

🌱 Krull, Kathleen. *Isaac Newton.* New York: Viking, 2006.

Newton, Isaac. *Opticks: Or, a Treatise of the Reflections, Refractions, Inflections and Colours of (Designed by I. Bernard Cohen)*. New York: Dover Publications, 1952.

Newton, Isaac, Sir. The *Principia : mathematical principles of natural philosophy / Isaac Newton ; a new translation* by I. Bernard Cohen and Anne Whitman assisted by Julia Budenz ; preceded by *A guide to Newton's Principia* by I. Bernard Cohen. Berkeley, CA.: University of California Press, 1999.

🌱 Panchyk, Richard. *Galileo for Kids: His Life and Ideas.* Chicago: Chicago Review Press, 2005.

Westfall, Richard S. *Never at Rest: A Biography of Isaac Newton.* New York: Cambridge University Press. 1980.

Westfall, Richard S. *The Life of Isaac Newton.* New York: Cambridge University Press, 1993.

网　站

建造一个牛顿学说的物理机器

http://spaceplace.nasa.gov/en/kids/funphysics.shtml

NASA 的这个网站展示如何制作一台简易的机器来演示牛顿第三定律。

牛顿的化学

http://webapp1.dlib.indiana.edu/newton/

印第安纳大学的化学家重新研究了艾萨克·牛顿的冶金术，全新呈现出牛顿当年在实验室里所经历的一切。这个网站不断更新，提供了牛顿最完整的实验记录的图片和手稿。

宇宙之旅：科学宇宙学的历史

www.aip.org/history/cosmology/index.htm

这个网站隶属美国物理研究院，全面展示了不同时期人类对宇宙的研究及物理学的发展。网站里有面向教师的资源和学生的资源。

狮子的足迹

www.lib.cam.ac.uk/exhibitions/footprints_of_the_Lion/

这个网站展示了剑桥大学图书馆于2000年花费1.2亿美元购买的"麦克莱斯菲尔德"丛书。"麦克莱斯菲尔德"丛书囊括了承载着艾萨克·牛顿爵士思想的各类手稿和书信，包括引力、微积分、《自然哲学的数学原理》、光学、化学、彗星及其他学科。

牛顿计划

www.newtonproject.sussex.ac.uk

这个网站是收集牛顿作品最全的网站。网站在不断更新，其开发人旨在"收集牛顿的各类作品，并集结一个电子版本免费提供给读者，以此将牛顿的作品整合成有机的整体"。

Newton's Dark Secrets WGBh Boston Video, 2005.

这段视频展示了不为人知的艾萨克·牛顿，包括他的冶金术。PBS的网站也上传了这段视频，取名为"牛顿的黑色秘密"，视频网址为：

www.pbs.org/wgbh/nova/newton

物理课堂辅导

www.physicsclassroom.com

这是一位高中物理老师为初学物理的学生所写的在线物理辅导资料，资料清晰、实用。

图书在版编目（CIP）数据

牛顿的物理学世界 /（美）克丽·洛根·霍利汉著；龙清亮译. — 北京：北京联合出版公司，2020.4
（我是博学家）
ISBN 978-7-5596-3411-5

Ⅰ.①牛… Ⅱ.①克… ②龙… Ⅲ.①牛顿(Newton, Issac 1642-1727)–生平事迹–青少年读物②物理学–青少年读物 Ⅳ.①K835.616.11-49②O4-49

中国版本图书馆CIP数据核字（2019）第262893号

Copyright: © 2009 by Kerrie Logan Hollihan
All rights reserved
This edition arranged with SUSAN SCHULMAN LITERARY AGENCY, INC
through BIG APPLE AGENCY, LABUAN, MALAYSIA.
Simplified Chinese edition copyright:
2020 Beijing United Publishing Co.,Ltd.
All rights reserved.

Simplified Chinese edition copyright © 2020 by Beijing United Publishing Co., Ltd.
All rights reserved.
本作品中文简体字版权由北京联合出版有限责任公司所有
北京市版权局著作权合同登记 图字：01-2019-3889

我是博学家·牛顿的物理学世界

作　　者：[美] 克丽·洛根·霍利汉（Kerrie Logan Hollihan）
译　　者：龙清亮
出版监制：刘　凯　马春华
选题策划：联合低音
责任编辑：闻　静
特约编辑：杨　青
封面设计：UFO_鲁明静　汤　妮
内文排版：刘永坤

北京联合出版公司出版
（北京市西城区德外大街83号楼9层　100088）
北京联合天畅文化传播公司发行
北京华联印刷有限公司印刷　新华书店经销
字数181千字　787毫米×1092毫米　1/16　9.5印张
2020年4月第1版　2020年4月第1次印刷
ISBN 978-7-5596-3411-5
定价：50.00元

版权所有，侵权必究
未经许可，不得以任何方式复制或抄袭本书部分或全部内容
本书若有质量问题，请与本公司图书销售中心联系调换。电话：（010）64258472-800